世界の空き家対策

公民連携による
不動産活用とエリア再生

米山秀隆 編著

小林正典
室田昌子
小柳春一郎
倉橋透
周藤利一 著

学芸出版社

はじめに

日本における空き家問題は、単に過疎地域だけの問題ではなく、郊外住宅地の衰退や中心市街地の空洞化などの問題としても現れており、全国的な広がりを見せている。空き家のほか空き地も増えており、さらに空き家・空き地の中で所有者不明となる物件も出るなど、問題はより深刻化している。対策としては、単に問題となっている空き家を解体したり、まだ使える空き家の活用を進めたりするだけではなく、空き家・空き地を含むエリア全体をどのように再生させていくのかという観点から、総合的に考える必要性が次第に高まっている。

海外でも空き家問題は一つの課題とされている。日本と同様、少子高齢化が背景にある国では、危険な状態となった空き家が取り除かれるような対策が講じられている。他方、人口が増えている国では問題の性質が異なり、住宅供給を増やす必要性から、空き家を空き家のままにさせず、市場に戻す対策が重視されてきた。しかしこうした国においても、衰退しているエリアは存在し、衰退エリアをいかに再生させるかという意味では、日本と同じ課題に直面している。

すなわち、人口動態の違いによって各国の空き家対策の重点の置き方は変わってくるが、空き家・空き地が多い衰退エリアはどの国でも存在し、そのエリアが今後とも居住地として残すべきエリアであれば、再生を図っていくことが求められている。これは、まちの成熟化が進んだ後に、そのまちの魅力を回復させ、まちとして存続させていくためにどのような取り組みが必要になるのかという問題になる。

特定エリア内の空き家・空き地の権利関係を調整し、土地利用を再編しながらまちの再生を図っている例は日本でも存在するが、海外においてはそうした取り組みがより広範に行われている例がある。さらに最近は日本でも、空き家対策とまちづくりを明確に連携させた対策を講じる例も現れている。こうした取り組みにおいては、行政の資金と民間のノウハウの組み合わせといった公民連携の体制も有効になる。

一方、所有者不明土地問題については、登記が任意の日本ではこうした問題が生じやすい。しかし、日本ほどではないが、海外でも登記がなされず所有者不明問題が発生している例もある。この問題については登記義務化の必要性がしばしば指摘され、そうした方向性も検討課題の一つになっているが、義務化しても実効性を担保できるかは定かではないとの意見も根強い。

問題の本質は、人口減少時代においては、今まで使われていた土地の次の使い手が現れる可能性が低く、現在の所有者も将来にわたって責任を持って管理し続けることが難しくなっている点にある。こうした土地を誰がどのように管理していくのかについて、今後人口が著しく減少すると見込まれる日本であればこそ、新たなしくみを構築できる可能性を秘めている。

本書においては、海外各国の空き家事情、空き家対策を紹介し、そこからどのような示唆を得られるかを探ることを目的としている。対象国としては、アメリカ、ドイツ、フランス、イギリス、韓国を選び、それぞれを専門とする第一人者の参加を仰いでいる。各研究者は現地調査も行いつつ、実態の把握に努めた。

これまで各国の空き家対策を比較分析した書籍はなく、貴重な情報源になると考えている。本書によって、各国の空き家対策に関する理解が深まり、日本の空き家対策をより一層進化させていくためのヒントが得られると幸いである。２０１８年は総務省「住宅・土地統計調査」の5年に1回の調査年にあたり、空き家の最新動向が２０１９年に判明することを受けて、空き家対策に関する議論は、今後、もう一段盛り上がってくると考えられる。

本書を刊行するにあたっては、学芸出版社の宮本裕美、森國洋行の両氏に大変お世話になった。とりわけ、宮本氏の着想がなければ本書が世に出ることはなかった。深く感謝申し上げる。

米山秀隆

２０１８年8月

目次

1

日本と海外の空き家対策最前線

米山秀隆

1　空き家の実態

1　日本の実態

(1)増え続ける空き家

総務省「2013年住宅・土地統計調査」によれば、2013年の全国の空き家数は820万戸、空き家率は13・5%となり、10年前に比べ、空き家数は107万戸増加し、空き家率は1・3ポイント上昇した[*1]（図1）。住宅・土地統計調査は5年に1回行われる標本調査であり、この調査では空き家は、「売却用」「賃貸用」「二次的住宅（別荘等）」「その他の住宅」の四つに分類されている。

このうち特に問題となるのは、空き家になったにもかかわらず、買い手や借り手を募集せずそのまま置かれている状態にある「その他の空き家」である。たとえば、親の死亡後、そのままにしておくケースがこれに当たる。その他の空き家の大半は木造戸建てである。そのほか、募集を止めた賃貸住宅や分譲マンションで空室化したものなど共同住宅の空き家もここに含まれる。

住まなくても維持管理を行っていれば問題はないが、放置期間が長引くと倒壊したり、不審者侵入や放火、不法投棄の危険性が増したりするなど周囲に悪影響を及ぼす「問題空き家」となる。空き家全体に占める「その他の空き家」の割合は、2003年の32・1%から2013年には38・8%にまで高まった（図2）。その他の空き家318万戸のうち、腐朽・破損ありのものは105万戸

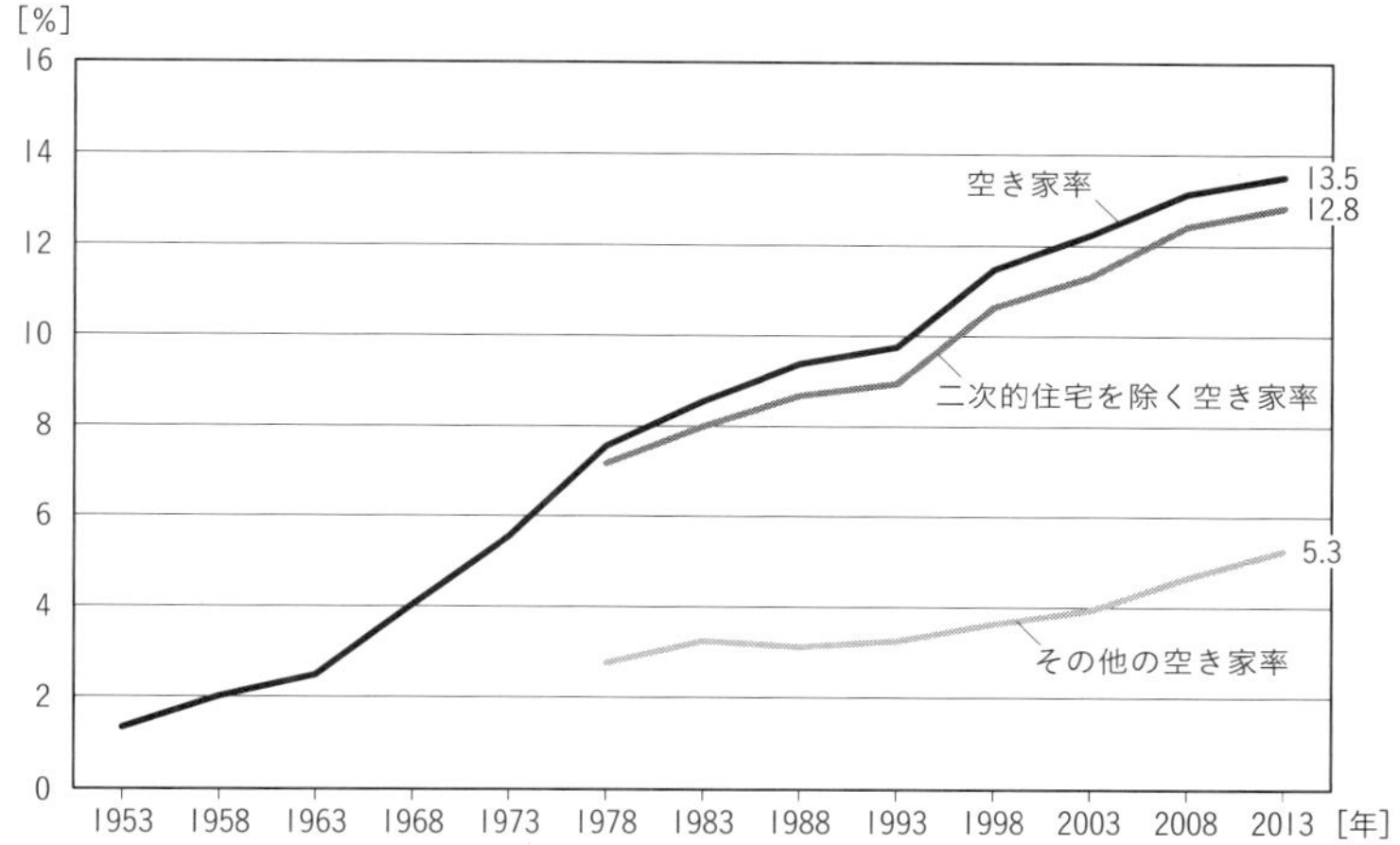

図1　日本の空き家率の推移（出典：総務省「住宅・土地統計調査」）

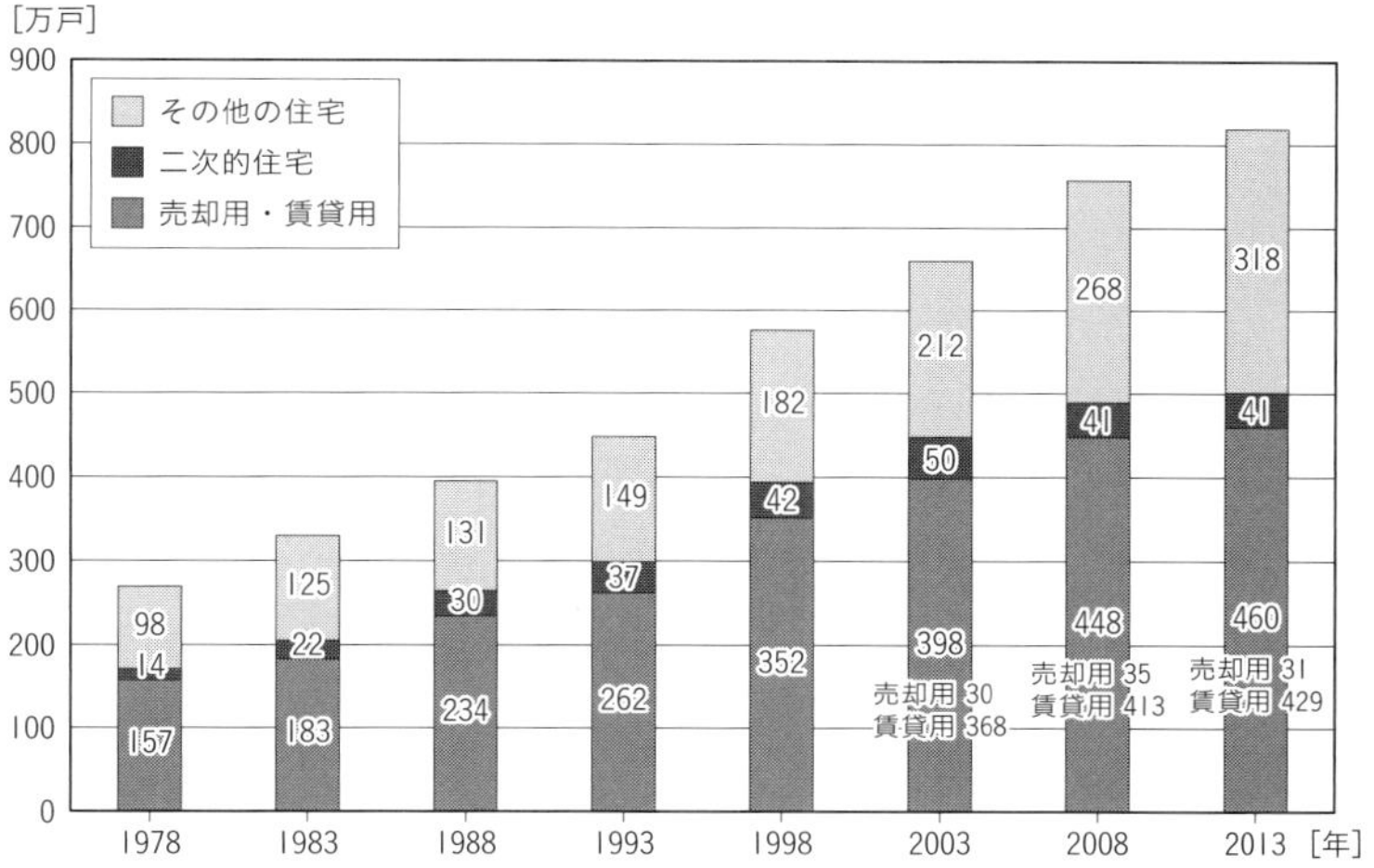

図2　空き家の内訳（出典：総務省「住宅・土地統計調査」）

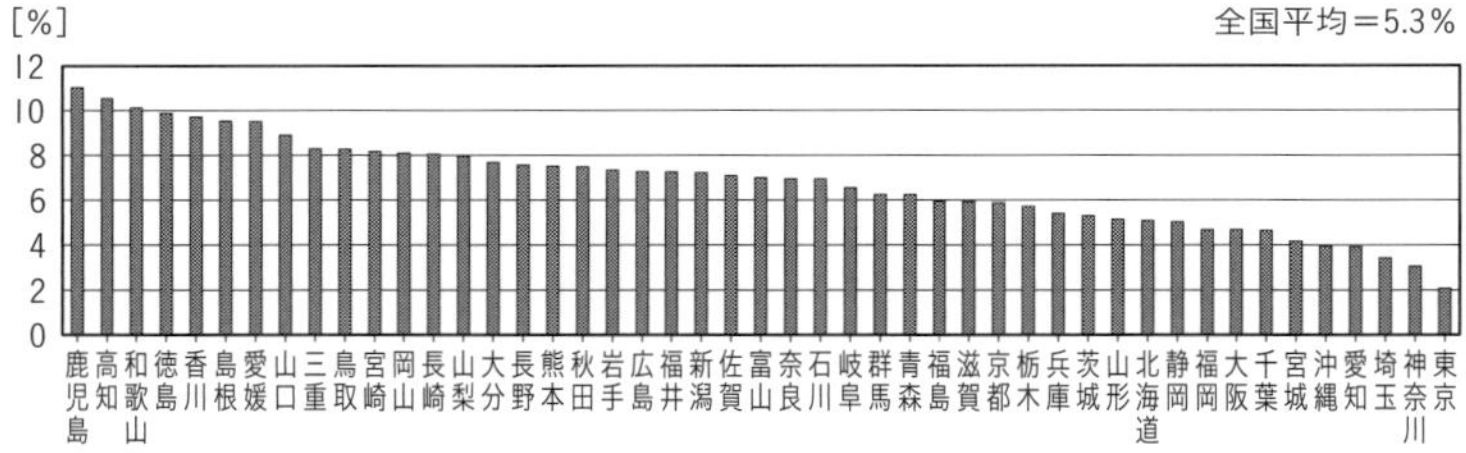

図３　その他の空き家率（都道府県別）（出典：総務省「住宅・土地統計調査」）

（33・1％）に達する。また、その他の空き家のうち木造戸建てが２２０万戸（69・1％）で、２２０万戸のうち腐朽・破損ありが80万戸（36・2％）に達する。

一方、その他の空き家の住宅総数に占める割合（その他の空き家率）は5・3％と、これも10年前（3・9％）に比べ上昇した（図1）。都道府県別では、鹿児島（11・0％）、高知（10・6％）など過疎で悩む県が上位となっている（図3）。これに対し都市部では低く、一番低いのは東京（2・1％）である。その他の空き家率は、高齢化率との相関が高く、高齢化率の高い都道府県ほど高くなっている。今後、高齢化率が上昇していくにつれ、その他の空き家率も上昇していくことが予想される。

都市部ではその他の空き家率は低いが、低いから問題が少ないというわけではない。都市部では、その他の空き家の「率」は低くても「数」は多い。その他の空き家の数が一番多いのは大阪で、次いで東京となっている。また、都市部では住宅が密集しているため、問題空き家が1軒でもあると近隣への悪影響が大きいという問題がある。

(2)空き家増加の背景

問題空き家となる予備軍が増加しているのには、次のような背景がある。

①人口減少

②核家族化が進み、親世代の空き家を子どもが引き継がない

③売却・賃貸化が望ましいが、住宅の質や立地で問題のある物件は市場性が乏しい

④売却・賃貸化できない場合、解体されるべきだが、更地にすると土地に対する固定資産税が最大6倍に上がるため、そのまま放置しておいた方が有利

このうち、③の中古としての市場性の乏しさを招く住宅の質の問題としては、最近でこそ長期優良住宅が少しずつ増えているものの、日本で戦後建てられた多くの住宅は、短期間で建て替えることが前提で住宅寿命が短く[*2]、中古として使うに使えないという事情がある。また、物件のメンテナンスをきちんと行ってきたとしても、それを評価して価値が高まるという流通市場でもなかった。

戦前であれば、棟梁が腕の立つ職人と良質な資材を調達して長持ちする住宅をつくり、使う側も必要な時に必要な手入れを行い、住宅は長く使い継がれるものであった。しかし、戦後そして高度成長期に住宅が大量供給される過程で、住宅の質が劣化したことは否定できない。

そうした住宅でも人々が買ったのは、地価が上昇し続ける土地神話の時代で、たとえ上物の価値が乏しくても、地価は上がり続けるので取得しても損をすることはなく、上物は建て替えればよいと考えていたからである。むろん寿命が短く短期間で建て替わるのは、仕事が途切れないという意味で供給側にとって都合がよかったが、買う側にとってもさほど問題と考えられていなかった。

こうした市場構造の下では中古として良質な物件は残りにくく、買うならば新築でなければという考え方が支配的となっていった。[*3] 欧米に比べ、日本で中古を買う人が少ない背景には、俗に日本人の新築志向が指摘される。日本人が新築好きなのは事実であるが、日本人が生まれついての新築好きというわけではなく、戦後の住宅市場の構造が、新築でなければという日本人の志向を強めていったと考えるのが妥当と思われる。

一方、③の中古としての市場性の乏しさを招く立地の問題については、都市計画の問題がある。日本では戦後、高度成長期の住宅不足に対応するため、まち（市街地）を広げ、新築を大量につくってきたが、一転して人口・世帯が減少に向かうようになると、条件の悪い地域では引継ぎ手がなく、空き家が増加した。また、都市中心部でも、郊外化の進展とともに空洞化が進み、再開発の見込みがないエリアや、接道要件を満たさず再建築不可能など条件の悪い立地にある物件は価値がなくなり、空き家が増えている。

(3)空き家所有者の意向

空き家所有者はどのような経緯で所有するに至ったのか。国土交通省が一戸建てのその他の空き家所有者に対して行ったアンケート調査（「２０１４年空家実態調査」）によれば、空き家を取得した経緯は、「相続した」（56・4％）が最も多く、以下、「新築した・新築を購入した」（20・5％）、「中古を購入した」（16・9％）の順となっている。

空き家の腐朽・破損の状態については、「住宅の外回りまたは室内に部分的に腐朽・破損がある」

(29・9%)、「屋根の変形や柱の傾きなどが生じている」(27・2%)、「腐朽・破損なし」(25・2%)、「住宅の外回りまたは室内に全体的に腐朽・破損がある」(1・8%)の順となっている。

管理状況については、「月に1回〜数回」(33・1%)、「年に1回〜数回」(26・9%)、「週に1回〜数回」(18・7%)、「ほぼ毎日」(11・9%)の順となっている。

しかし、こうした空き家を抱えていても、先行きも現状維持とする人が多い。今後5年間の利用意向については、「空き家にしておく(物置を含む)」(31・9%)、「取り壊す」(18・4%)、「所有者やその親族が利用する」(8・8%)、「売却する」(7・8%)、「賃貸する」(3・8%)の順であった。取り壊すのであれば、危険な状態となって放置されることはなく、また、いずれ誰かが利用するのであれば管理は行っているはずであり、これも問題はない。しかし、そうでなければ売却、賃貸化といった流動化を図るべきあるが、その割合は合わせても1割程度である。

「空き家にしておく」と答えた人にその理由を聞いたところ(複数回答)、「物置として必要」(44・9%)、「解体費用をかけたくない」(39・9%)、「特に困っていない」(37・7%)、「将来、自分や親族が使うかもしれない」(36・4%)、「仏壇など捨てられないものがある」(32・8%)、「更地にしても使い道がないから」(31・9%)などが上位であった。

(4)空き地、所有者不明土地の現状

日本では空き家のみならず、空き地も増えている。国土交通省「土地基本調査」によれば、世帯が保有する空き地は、2003〜13年の10年間で、106万件(681平方キロメートル)から151

万件（981平方キロメートル）に増加した。また、利活用が有望でない空き家の敷地も180万件（507平方キロメートル）から272万件（830平方キロメートル）に増加した。利活用が有望でない場合、空き家が解体された後は、空き地のまま放置される可能性が高い。世帯保有の空き地は規模が100〜300平方メートルと小さく、利活用に難があるという問題がある。[*4]

空き地の地域的な分布は、大都市に比べ地方において宅地に占める空き地の比率が高く、都市部においては郊外における比率が高い。所有者が空き地を取得した経緯については、「相続・贈与で取得した」とする割合が78％を占めている（2013年）。

さらに、空き家・空き地の中には、登記簿などの台帳を見ても、所有者がただちに判明しないか判明しても連絡がつかない物件も増えている。人口減少が進むなか、相続時に登記されない物件が増えていることによる。引継ぎ手が遠方に住み、資産価値が低いなどの理由でそのまま放置し、相続を重ねていった場合、所有者に辿り着くことが難しくなる。特に、資産価値がない森林や農地などの場合は、コストをかけてまで名義変更するインセンティブがない。地価が高いまちなかの宅地でも、狭小で活用しにくい場合や、接道要件などで再建築不可能な場合では、こうした事態が生じる。また、近年は相続放棄されるケースも増えている。

国土交通省の調査によれば、2016年度に全国で行われた地籍調査約62万筆（1130地区558市区町村）のうち、登記簿上で所有者の所在を確認できない土地は20・1％であった。所有者不明土地問題研究会（座長：増田寛也）は、この数値をもとに、全国の所有者不明土地を推計している。[*5]その結果（2016年度時点）によれば、全国の土地の所有者不明率は20・3％、410万ヘクタールに達し、九州の面積を上回る。地目別では、宅地14・0％、農地18・5％、林地25・7％となっている。さらにこの面積は、2040年には北海道本島の面積に匹敵する720万ヘクタールに達すると推計している。

2 海外の実態

本書で紹介する海外各国の空き家率はどの程度であろうか。

アメリカの空き家率は、「売却用」「賃貸用」「二次的住宅」「その他の住宅」のすべてを含むベースでは12・7％（2017年）と日本（13・5％、2013年）と大差ない水準である。その他の空き家率も5・4％と日本（5・3％、2013年）と同水準であり、全体の空き家率が低下するなか、その他の空き家率が上昇傾向にある点が注目される。特に衰退地域において空き家が増えている（2章参照）。

ドイツの空き家は二次的住宅は含まず、2011年時点で4・4％となっている。日本の二次的住宅を除く空き家率12・8％（2013年）と比べるとかなり低い。ドイツは、日本に先立って人口が減少してきたが、近年は難民や移民の流入で人口は増加している（3章参照）。

フランスの空き家も二次的住宅を含まず、2016年時点で8・3％となっている。日本の二次的住宅を除く空き家率よりも低い。フランスでは人口が増加しており、大都市は住宅不足であるが、地方の衰退地域では空き家が増えており、全国の空き家率は上昇傾向にある（4章参照）。

イギリスの空き家も二次的住宅を含まず、２０１６年時点で2・5％となっている。ドイツよりもさらに低い水準で、近年低下し続けている。難民や移民の流入もあり、人口が増加傾向にあることが背景にある（5章参照）。

韓国の空き家の定義は二次的住宅も含んでおり、２０１６年時点で6・7％となっている。日本の全体の空き家率（13・5％）よりは低いが、空き家率は上昇傾向にある。韓国は、少子高齢化を背景に空き家が増えているという日本との共通点がある（6章参照）。

もとより統計の取り方の違いから、日本と各国の空き家率は厳密に比較できるものではないが、アメリカのその他の空き家率が近年上昇傾向にある点や、フランスや韓国の空き家率も上昇傾向にある点は注目される。全国の空き家率が低くとも、衰退地域で空き家率が上昇している例は多い。こうした結果、日本のみならず、各国で空き家対策が講じられている。

所有者不明土地については、日本ほどではないが、問題視されている国もある。フランスでは、相続制度の特殊性からコルシカ島でそうした問題が発生した。フランス全土では問題視されていないが、不動産価値が高い場合や逆に低い場合に、前者は高額な費用負担を嫌って、後者は市場性の低さから余計な費用負担を嫌って相続登記が未了になるケースがある（4章参照）。また、イギリスでは登記されていない土地の所有者探しに困難を極めるケースがある（5章参照）。

2 空き家を放置しない対策

1 日本の対策

(1)空家法とその効果

日本の空き家対策としては、2015年5月の空家等対策特別措置法(以下、空家法)の全面施行に伴い、危険な空き家などを自治体が「特定空家」と認定し、助言・指導、勧告、命令、代執行の措置をとれるようになった。勧告の段階になると、敷地に対する固定資産税の住宅用地特例が解除されて税負担が増す。2017年度までの空家法に基づく措置は、助言・指導1万6776件、勧告552件となっている(図4)。助言・指導に比べ、勧告が少ないことは、助言・指導の段階で従う場合が多かったことを示している。その意味で、空家法と税制改正の効果はあったと言える。

しかし、勧告に従わず命令、代執行に至ったケースもある。代執行では解体などしたうえ、所有者に費用を請求する。代執行で解体する場合、木造戸建ての場合は通常、150〜200万円ほどの費用がかるが、室蘭市のケースでは840万円もかかった。擁壁が崩れた状態で、補修工事を要したためである。所有者は長期分納で支払う予定だが、市民からは費用回収を心配する声もあがった。

所有者不明の場合に行われるのが略式代執行であるが、この場合、当然のことながら費用は請求できない。たとえば兵庫県明石市では略式代執行を２件行ったが、合わせて３１０万円の費用がかかった。代執行では、最終的に土地を売却して費用に充てることもできるが、そもそも代執行に至るような物件は、土地も売れないため放置されている場合が多い。

空き家対策については、すでに多額の公費投入がなされている。代執行は、空家法施行以前では、空き家管理条例や建築基準法で行われた例があるが、それらを含む２０１１～15年度のすべての代執行（含む略式代執行）の実績は29件にのぼり、うち18件（62％）で費用が全額未回収となっている。[*6] その理由は、「経済的に支払い困難」８件、「所有者不明・相続放棄」10件となっている。また、解体費用は29件の総額で約６５００万円に達し、うち約５千万円（77％）は未回収となっている。空家法に基づく代執行（含む略式代執行）の事例でも、空家法施行後初期に行われた22ケースのうち、費用回収の目途が立っていないものは15ケースに達している。[*7]

(2)解体費用徴収のしくみの必要性

このように自治体にとっては、所有者が責任を果たすことを原則としながらも、危険が迫る場合は公費負担覚悟で代執行に踏み切らざるをえなくなっている。あるいは、それ以前の段階で自主的対応を促すため、解体費用補助のしくみを設けている自治体も多い（表１）。一方、所有者にとっては、引継ぎ手がなく売却も困難な場合は持ち続けざるをえず、固定資産税や管理負担から逃れられなくなっている。いっそのこと、所有権を放棄したいとの声も高まっている。

これらの問題のうち、まず、解体費用の所有者負担が徹底されていない点については、今後は住

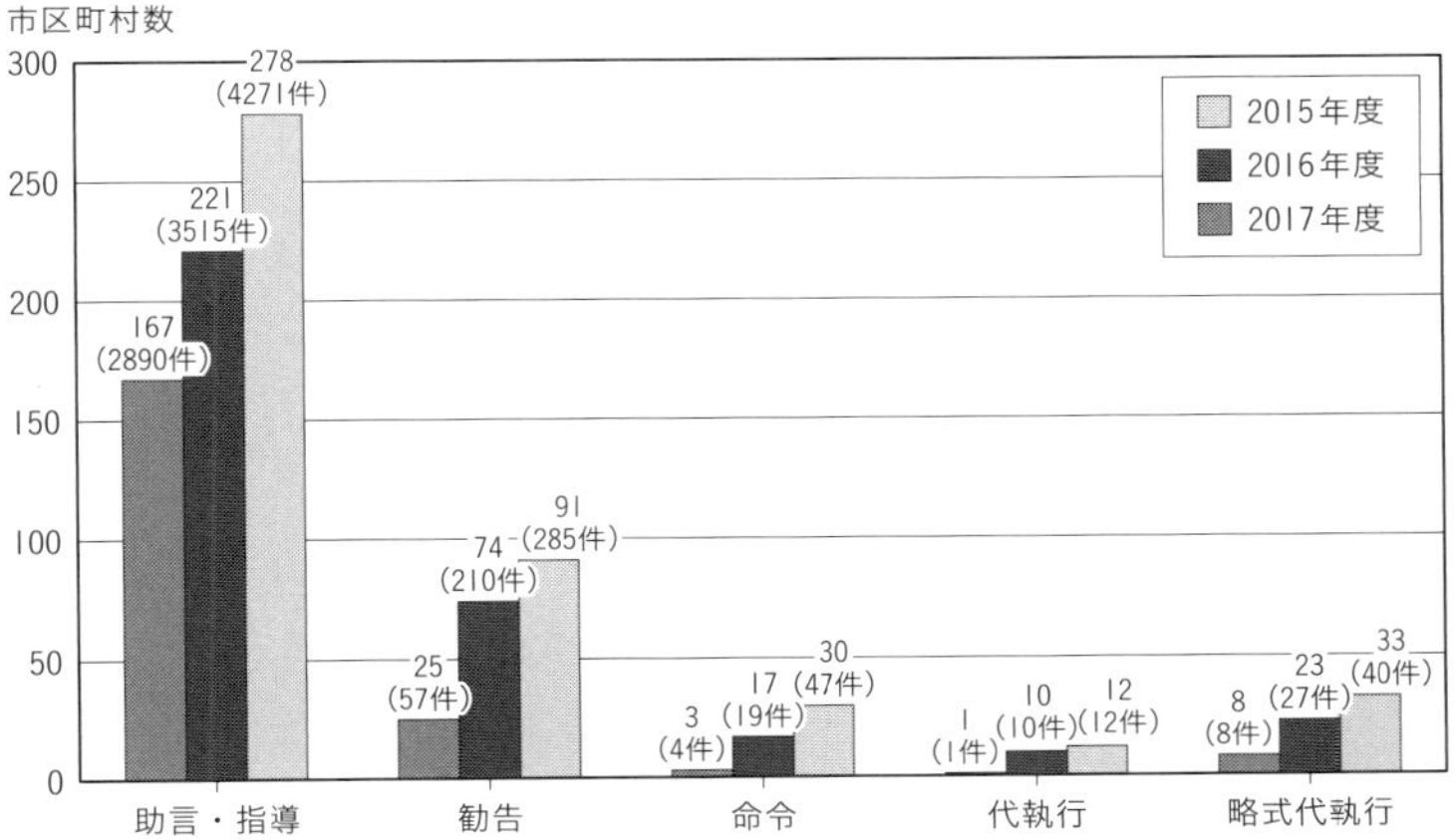

注：2018年3月31日時点。（　）内は措置件数。

図4　特定空家等に対する措置の実績

（出典：国土交通省「空家等対策の推進に関する特別措置法の施行状況等について」）

表1　空き家の解体支援の事例

施策の種類	自治体名	施策の内容
解体費補助	広島県呉市	危険な老朽空き家が対象。補助は解体費用の3割までで、上限30万円（2016年度までに501件、1億4243万円）
	群馬県高崎市	危険な老朽空き家が対象。補助は解体費用の8割までで、上限100万円（2016年度までに427件、3億8753万円）
	東京都足立区	危険な老朽空き家が対象。補助は解体費用の5割までで、上限50万円
	札幌市	［通常タイプ］危険な老朽空き家が対象。補助は解体費用の3割までで、上限50万円
		［地域連携タイプ］危険な老朽空き家が対象。補助は解体費用の9割までで、上限150万円。解体後の土地を、5年間、地域の自治組織に無償貸与。自治組織が維持管理しながら活用することに同意
	北海道室蘭市	特定空家が対象で、近隣や自治組織が解体する場合。補助は解体費用の9割までで、上限150万円。土地・建物を無償で住民に取得させ、跡地も活用できる。ただし、10年間は宅地や営利目的に使えず、広場などとして利用
公費による解体（寄付）	長崎市	危険な老朽空き家が対象（対象区域内）。土地建物を市に寄付し、跡地を地域で管理することを条件に公費で解体
	山形市	危険な老朽空き家が対象（対象区域内）。土地建物を市に寄付し、跡地を地域で管理することを条件に公費で解体

注：施策の対象で「危険な老朽空き家」とあるのは、自治体によって正確な表現は異なる。

（出典：各自治体ホームページ等をもとに筆者作成）

宅を購入、建設した人に対し、解体費用の積み立てを義務づけるのが一案である。自動車のリサイクル費用が、購入時に徴収されるしくみにならったものである。

徴収期間は、一度に支払う形や一定期間（たとえば10年程度）で積み立てる形などが考えられるが、解体が必要になった時に引き出せるしくみにすればよい。必要な解体費用が確保されていれば、仮に将来、所有者が不明となった場合でも、解体費用の心配はなくなる。徴収方法は、供託する形や固定資産税に上乗せする形などが考えられる。解体費用の税徴収については、国土交通省内でも肯定的な意見がある。[*8]

(3)所有権放棄ルールの必要性

次に、所有権の放棄については、現状では所有権の放棄はしたくても手段がなくできない。しかし、相続放棄すれば国に引き取ってもらうこともできる。相続放棄は不要な不動産のみを選択的に行うことはできず、遺産すべてを放棄しなければならないが、相続人全員が相続放棄して相続人不存在となった場合、自治体などの申し立てによって選任された相続財産管理人が換価して残余があれば、国庫に納付される。

しかし、相続財産管理人の選任には費用がかかるため、相続放棄後、こうした手続きが行われることは稀である。最後に相続放棄した人は、相続財産管理人が選任されるまでの間、管理責任は残るが、その責任も現状では徹底されているわけではない。相続放棄された不動産が危険な状態となり、そのまま放置されていることも少なくない。

空家法では、相続放棄された空き家を「特定空家」に認定し、代執行の必要が生じた場合には、略式代執行の手続きによることになる。したがって、現状では相続放棄された場合、最終的には公費で取り壊さざるをえない事態に至る。

前述のように相続放棄は選択的にできず、それが相続放棄に踏み切るハードルになっている。しかし今後、空き家のほかめぼしい遺産はないといったケースが増えれば、相続放棄され管理責任も果たされず、最終的に公費解体になる事案が増加していく可能性がある。

あるいは、相続放棄は選択的にはできないが、必要な財産を遺言書で遺贈したり、生前贈与したりしておけば、必要な遺産を確保したうえ、最後に不要な不動産のみを相続放棄して手放すといったこともできないわけではない。[*9]

こうしたことが実際に行われれば、国は使い道のない不動産ばかりを押しつけられてしまうことになる。今後、こうしてなし崩し的に放棄され、国が引き取らざるをえない不動産が増加していく可能性を考慮すれば、最初から所有権の放棄ルールを明確にしておく方が望ましい。

不動産の所有権放棄の可否について学説は定まっていないが、民法第239条には、「所有者のない不動産は、国庫に帰属する」という規定があり、所有権放棄が認められれば、国の所有に移る。しかし、現状では登記には所有権放棄の手続きはないため、不動産登記法に所有権抹消登記の規定を設ける必要がある。国の所有に移ると、国の管理負担が増すが、これについては放棄時に一定の費用負担（放棄料）を求めることが考えられる。

なし崩し的に放棄された状態になり、管理責任も果たされなくなっていくのは、国土の管理という意味でも望ましい状態ではない。費用負担を求めたうえで放棄を認めるしくみを設けるのは、国土の管理を適正に行っていくという意味でも正当化できる。
また、現在、所有者不明土地が増えているが、事後的に所有者探索に多大なコストを投入するよりは、最初から放棄を認め、国の所有に移しておいた方が、はるかにその後の利用がしやすくなるというメリットもある。実際の管理は自治体が担うことが考えられる。所有権放棄ルールは、今後、導入の是非が検討されることになっている。[*10]

解体費用徴収と所有権放棄というこの二つのしくみが導入されれば、今後、住宅を持つ場合には解体費用が予め確保され、寿命が尽きたらその解体費用で解体し、跡地は次の利用者が現れない場合、放棄料を支払って公的管理に移す形になる。こうすれば、所有と放棄の責任が徹底される。空き家問題の深刻化は、この二つのしくみの必要性を高めており、もし実現すれば世界にも例のない先進的な対策となる。

⑷空き家バンク

空き家の利活用促進策については、人口減少で悩む地方の自治体などを中心に、早くから「空き家バンク」の設置を中心に進められてきた。空き家バンクとは、自治体が空き家の登録を募り、ウェブ上で物件情報を公開するなどして、購入者や賃借人を探すしくみである。自治体は近年、空き家の適正管理や解体促進のために空き家管理条例の制定を急いだが、これまで最も多くの自治体で取り組んできた空き家対策が、空き家バンクである。空き家バンクを設けている自治体は、検討中も含めれば、全国で1千前後に達する。[*11]

しかし、物件登録、成約実績は空き家バンクによって差が大きい。市町村が開設した空き家バンクでは、2014年時点で開設以来の累計成約件数が0～9件にとどまるものが49%に達していた。[*12] さらにその後の調査で各年度（2015～17年度）の成約件数を見ると、成約件数が0件という空き家バンクが毎年2～3割に達している。[*13] つまり、空き家バンクを設置したものの、開店休業状態のものが多いのだ。

図5　佐久市の空き家バンク

そうしたなかで、実績が出ている空き家バンクは、所有者による自発的な登録を待つだけではなく、不動産業者やNPO、地域の協力員などと連携して、積極的に物件情報を収集している。さらに、空き家バンクを見て問い合わせがあった場合、物件案内はもちろんのこと、生活面や仕事面などさまざまな相談にも応じたり、先に移住した人と引き合わせたりするなどきめ細かに対応している。自治体職員だけでは対応しきれないため、NPOや住民とも連携している。空き家バンクの成約件数が最も多い自治体は長野県佐久市で、

２００８年度のスタートからこれまでの成約件数は４００件以上にのぼる（図５）。

空き家の利活用促進策としては、空き家バンクのほか、コミュニティ施設、シェアハウス、シェアオフィス、民泊、住宅弱者向け住宅などへの転用が実施されている。

2 海外の対策

本書で紹介する海外の各国では、どのような空き家対策が講じられているだろうか。

ドイツでは、住宅の維持管理は義務とされており、所有者に対し建物近代化や修繕の命令、それができない場合には取り壊し命令を自治体が出せる。また、人口に対し十分な住宅が供給されていない地域では、住宅外利用は許可制となっている（3章参照）。

フランスでは、人口増加に伴う大都市での住宅不足に対応するため、空き家に対する課税（空き家税）、自治体が強制的に利用できる制度（住宅徴発、一時的住宅契約等）などが実施されてきた（4章参照）。

イギリスでは、人口増加に対し、空き家率が極めて低いことからわかるように、住宅供給が必要とされる水準に追いついておらず、空き家に対する課税（地方自治体税の重課）、空き家の利用権を自治体が強制収用する制度（空き家管理命令）などが実施されてきた（5章参照）。

これらの国では、人口が増加し住宅が不足していることに対応するため、本来利用されるべき空き家を市場に戻すしくみが重視されている。フランス、イギリスの空き家に対する課税、すなわち空き家のまま保有していることにコスト負担を課すことはその一つの手段である。また、ドイツでは、不良なストックが存在しないよう、所有者に責任を課す各種の制度が充実しているのが特徴的である。こうしたしくみは日本に適用可能であろうか。

現状における日本の空き家への課税強化、すなわち特定空家に認定されて勧告の段階になると、敷地に対する住宅用地特例がなくなるというしくみは、特定空家になる寸前の状態を保っていれば咎められることはなく、空き家を市場に出すインセンティブを強く与えるものではない。もっとも、本来、市場に出せるものを市場に出していないことを咎めるのには、市場に出せば中古住宅としての需要が十分あるとの前提が満たされていなければならない。ドイツの近代化命令なども、住宅寿命が長く、中古住宅の取り引きが活発に行われているからこそ、ストックの価値を保つしくみが成立していると考えられる。

日本の場合、中古需要が少なく、市場に出したくても仲介業者は採算に合わず扱ってくれないため、空き家バンクに登録することを余儀なくされ、しかも空き家バンクでも取り引きが成立する可能性は低い。こうした日本の事情を考えると、空き家に対するさらなる課税強化は、すぐには取りづらい選択肢となっている。日本の課税強化は、特定空家で勧告になると更地並み課税になるため、それだったら更地にしても税負担は同じなので、解体して欲しいとの意味合いも込められている。自治体によっては、更地にしても特例解除を一定期間猶予することで、実質的に解体費用の補助を行っているケースもある。[*14]

中古住宅の価値が市場で正当に評価されるようにするためには、アメリカの不動産流通のしくみ

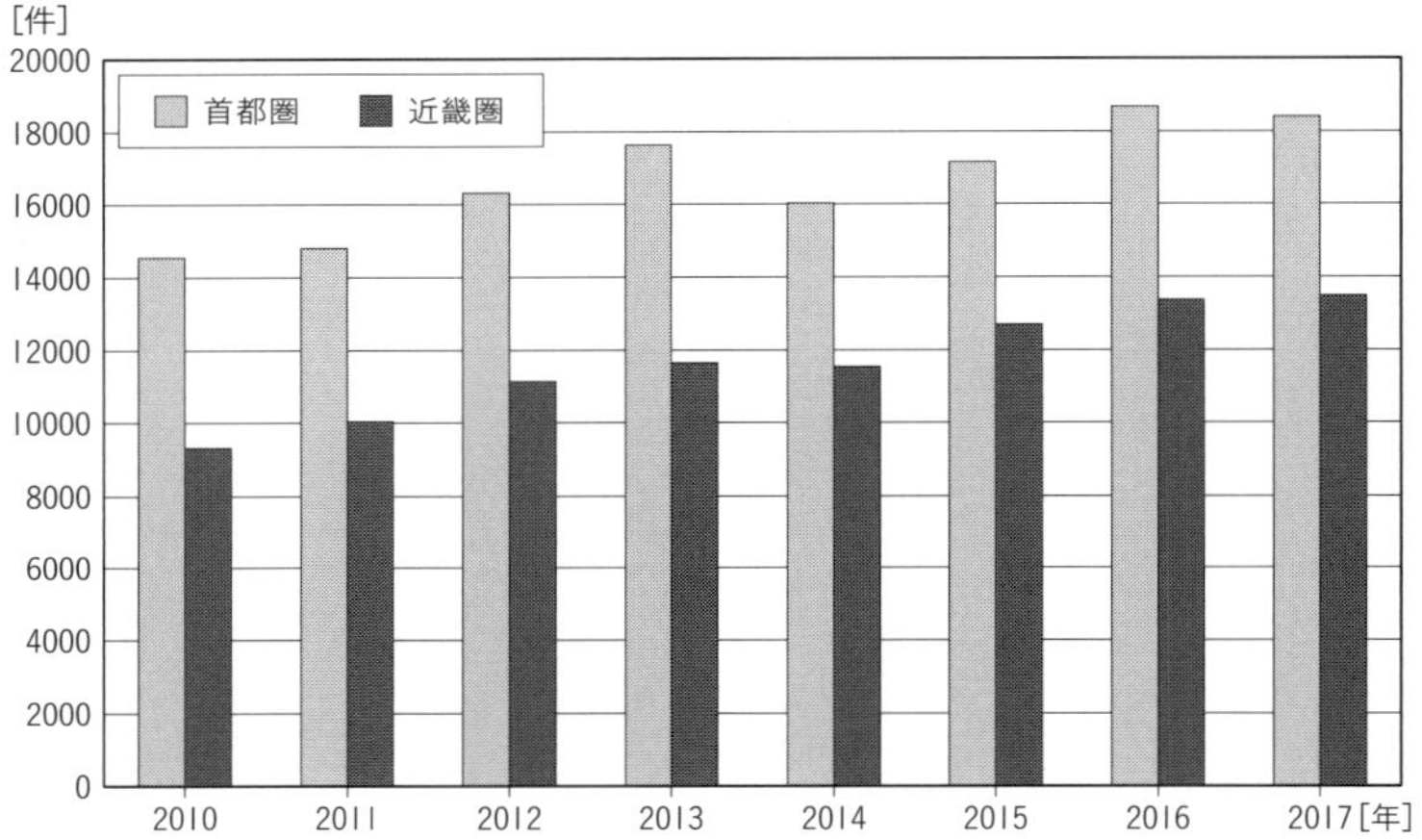

図6　中古戸建ての成約件数（出典：東日本不動産流通機構、近畿圏不動産流通機構）

が一つのヒントになり、日本でもすでにアメリカの「マルティプル・リスティング・サービス（MLS）」に相当する「不動産総合データベース」が導入されている。このしくみを充実させていくとともに、インスペクション（住宅検査）の普及、鑑定評価の見直し等をさらに進めていく必要がある（2章参照）。

日本では近年、地方を中心に空き家を数百万円程度で安く買い取り、数百万円程度で改修し、1000〜1500万円で売る、買い取り再販ビジネスが活発化している。地方では新築の半値以下であり、立地や物件の状態によっては十分需要がつく。親から引き継いだ土地付きの家を数百万円で売却するのには抵抗があるが、保有し続けても負担を負うばかりでメリットがなく、値段がついただけましと売却する人が増えている。

こうした業者に売却を考える際、空家法の勧告で税負担が増すというプレッシャーもある程度は働いていると考えられる。現在の日本では、買い取り再販業者の登場により、空き家が以前よりは流動化するようになり、また業者は、空き家のうち十分需要のつく物件を選んで仕入れ、設備を改修して中古市場に出すという役回りを担っている。

このように現在の日本では、市場メカニズムによって残す空き家が選ばれ、売値の範囲内でできる改修が行われ、多少は市場に出される動きが出ている（図6）。日本でも、住宅の質向上と長寿命化、中古市場の拡大という前提が次第に満たされていけば、空き家を滞留させないための課税強化やストックの質を維持するための各種施策は視野に入ってくると考えられる。

韓国では、前述のように少子高齢化を背景に空き家が増えている点で日本と共通しており、空き家所有者に解体等必要な措置を命じることができる制度ができたのは日本と同じである（6章参照）。

所有者不明土地対策としては、フランスで明白放置財産収用制度、無主財産市町村帰属制度があるが、これら制度は使い勝手の点で問題があるなどして、あまり使われていない（4章参照）。

3 エリア再生と連動した空き家対策

1 日本の対策

(1)点から面へ

日本では、先にも述べたが、戦後、高度成長期の住宅不足に対応するため、まちを広げ、新築を

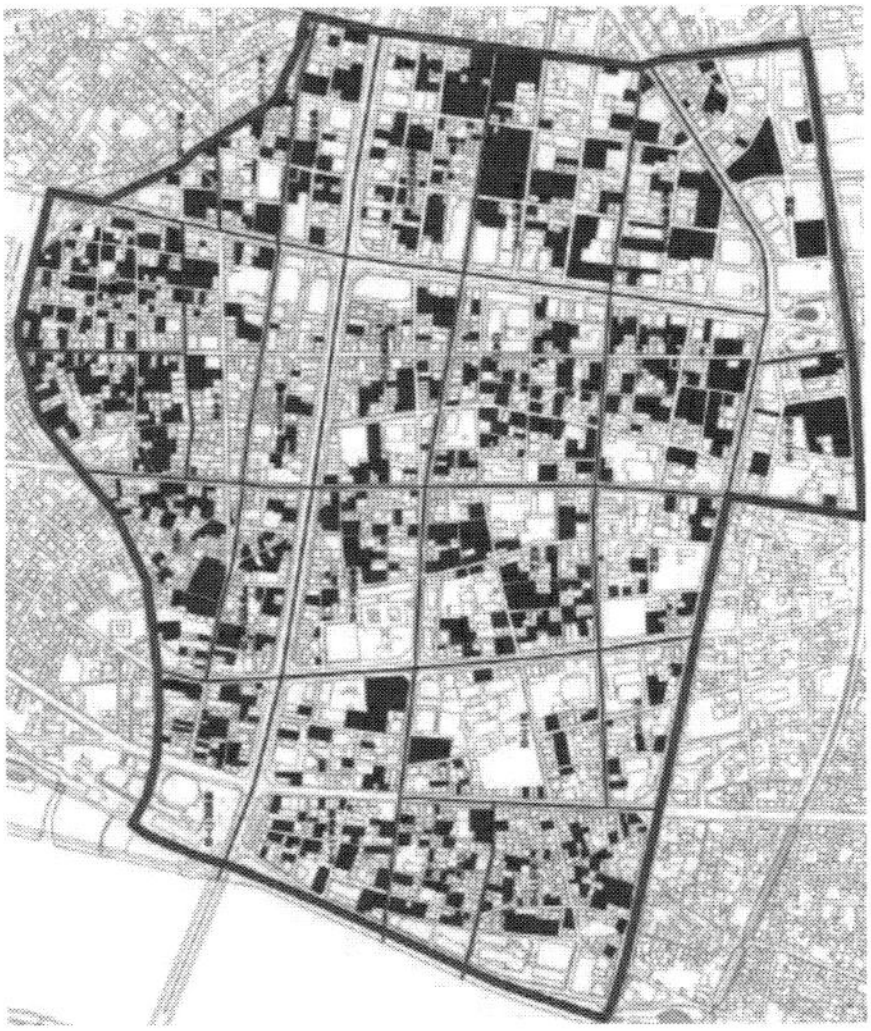

	2001 年	2006 年	2016 年
空地面積	19.7ha	21.6ha	29.7ha
空地率	12.2%	13.3%	18.3%

図 7　宮崎市中心市街地における空地率（出典：宮崎市）

大量につくってきた。空き家を増やさない根本策としては、広がりすぎたまちを縮減するとともに、新築を減らし中古市場を拡充していくことが必須である。

空き家対策についてはこれまで、個別の問題空き家への対処やまだ使える空き家の再生など「点としての対応」が中心であった。しかし今後は、まちの縮減を図りながら、まちづくり全体の中で空き家問題に対処していくという「面としての対応」を進めていく必要がある。すなわち、空き家対策とコンパクトシティ、エリアマネジメントの連動である。

面としての対応は、最近、まちの「スポンジ化」が問題視されていることからも必要性が高まっている。スポンジ化とは、都市の内部において、小さな穴が開くように空き家や空き地が点在するようになる現象である。たとえば、宮崎市の中心市街地では空地の割合が18・3％（2016年）となっており、スポンジ化の典型事例とされる（図7）。

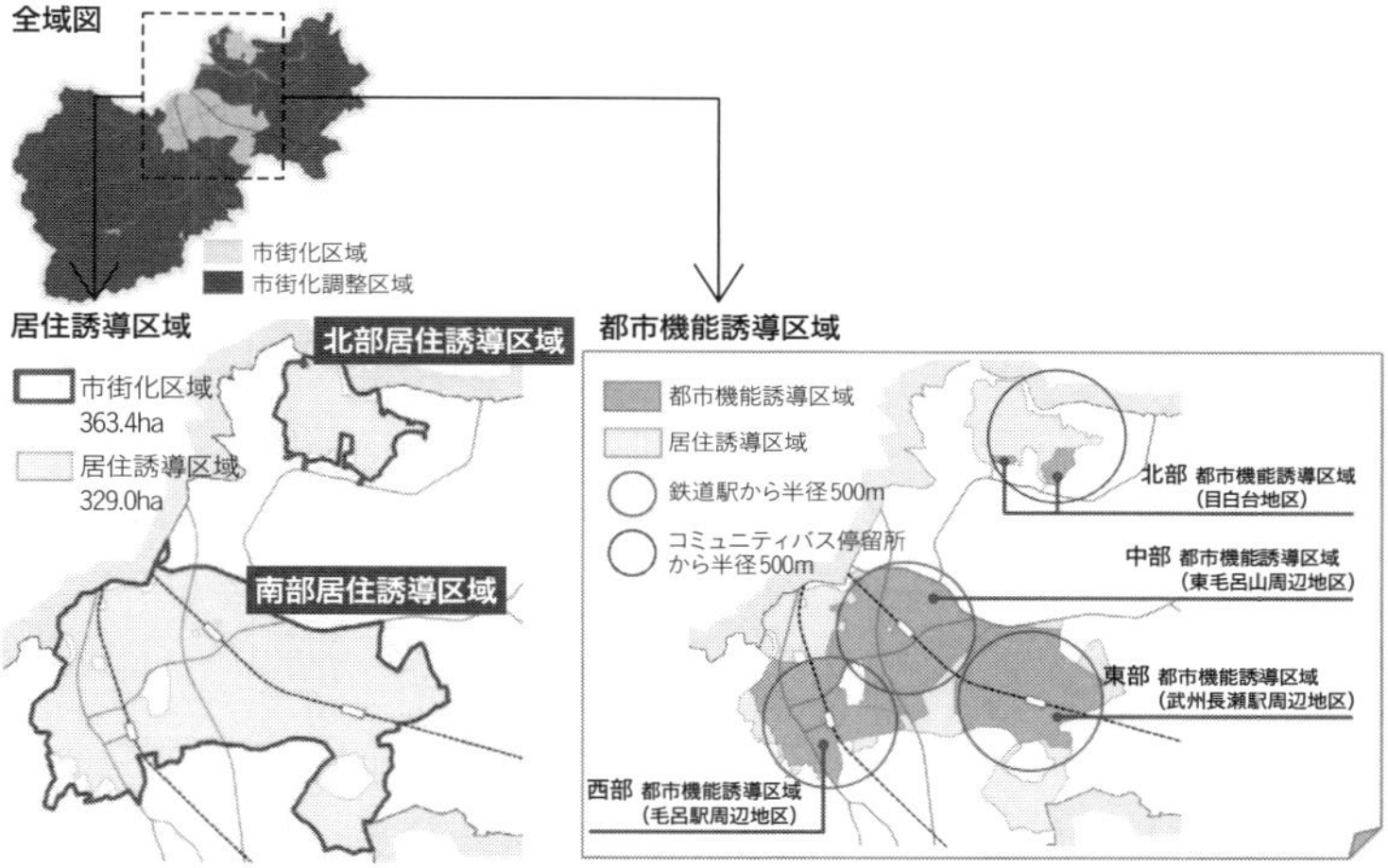

図８ 毛呂山町の居住誘導区域・都市機能誘導区域（出典：毛呂山町（2017）「毛呂山町立地適正化計画」）

(2)コンパクトシティと空き家対策の連動

コンパクトシティについては、改正都市再生特別措置法（２０１４年８月施行）により「立地適正化計画」の制度が導入された。立地適正化計画は、住宅と都市機能施設の立地を誘導することでコンパクトなまちづくりを目指すもので、都市計画マスタープランを補足するものと位置づけられる。策定する動きは急速に広がっており、２０１８年３月末時点で４０７都市が立地適正化計画に取り組んでおり、うち１６１都市が２０１８年５月１日までに計画を策定、公表した（国土交通省調べ）。

立地適正化計画では、住宅を集める「居住誘導区域」と、その内部に商業施設や医療施設、福祉施設などの立地を集める「都市機能誘導区域」が設定される。居住誘導区域外では、たとえば３戸以上の住宅開発には届出が必要になり、開発が抑制される。

この点で注目されるのが、埼玉県毛呂山町が２０１７年2月に策定した立地適正化計画である。設定した居住誘導区域への人口誘導目標を設定するとともに、地価と空き家率の目標も設定している。毛呂山町は、本来開発を抑制すべき市街化調整区域内の開発が進んでまちが郊外に広がり、後追いで都市基盤整備を迫られる一方、空き家率が埼玉県内で一番高くなるなど問題が深刻化していた。今後は、居住誘導区域外の開発は抑制し、空き家については居住誘導区域内では活用するが、それ以外では解体を進めていく（図８）。

立地適正化計画を策定する自治体は増えているが、現状では、居住誘導区域の設定に踏み切っていない自治体は多い。コンパクトシティ政策を空き家対策と連動させているのも毛呂山町くらいでまだ珍しいが、今後は多くの自治体で必要性が高まっていくと考えられる。

２０１３年時点のその他の空き家３１８万戸のうち、耐震性があって腐朽・破損がなく、駅から１キロメートル以内という、立地がよくすぐにでも使える空き家となると48万戸に減る[*15]（国土交通省推計）。それ以外の空き家は、現実には利用するのには困難を伴うものであり、コンパクト化の流れが進むなかでは、より一層利用が困難になっていくと考えられる。

(3) エリアマネジメントと空き家対策の連動

そもそもまちが広がらなかった地域ではコンパクト化の必要はないが、まちが広がってしまった地域ではコンパクト化を図る必要がある。その上で、今後とも残すエリアにおいて、衰退に歯止め

表2　エリアマネジメントの類型

	契機	運営組織	主体	成果	採算性	地域特性
福岡市シーサイドももち	開発当初から	福岡市百道浜四丁目戸建地区町内会	住民	美しい街並みの創出、維持による住宅地としての価値向上	○エリア価値維持	郊外型高級住宅地
佐倉市ユーカリが丘		山万株式会社	事業会社	空き家を発生させず、住民を循環させる事業としてのまちづくり	○エリア価値維持	郊外型住宅地
東急沿線	衰退予防	東急電鉄株式会社	事業会社	空き家を発生させず、住民を循環させる事業としてのまちづくり	○エリア価値維持	高級住宅地
長野市善光寺門前	衰退後の再生	株式会社 MYROOM	事業会社	空き店舗、空き家の事業としての再生	○エリア価値再生	中心市街地
尾道市旧市街		NPO 法人尾道空き家再生プロジェクト	NPO	空き家、空き店舗の再生	×要補助金	中心市街地
鶴岡市中心市街地		NPO つるおかランド・バンク	NPO、行政	官民連携による空き地所有権の移転、再利用コーディネート	×要補助金	中心市街地

をかけるためのエリアマネジメントが求められることになる。

エリアマネジメントは、「地域における良好な環境や地域の価値を維持・向上させるための、住民・事業主・地権者等による主体的な取り組み」[*16]と定義される。

近年の、市民や事業会社、NPOなど民間を主体とする活動の中には、個別の物件再生の動きから始まりながらも、エリア全体の再生を視野に入れた活動に発展する例も出ている。[*17]あるいは、当初からエリアを永続させることを志向して成長管理的な手法でまちづくりを行い、各地でエリアの衰退が進むなか、その活動の先進性が際立つような例も現れている。

ここではエリアマネジメントが導入された時期別に、①エリアの開発当初から導入されたケース、②エリアの衰退予防の活動として立ち上がったケ

シーサイドももち（© PIXTA）

ース、③衰退後の再生活動として立ち上がったケースの三つに分け、これまでの事例を簡単に紹介する（表2）。

①開発当初から導入されたケース

エリアマネジメントを開発当初から導入したケースとしては、福岡市の「シーサイドももち」（百道浜4丁目戸建地区町内会が実施）、佐倉市の「ユーカリが丘」（山万株式会社が実施）が挙げられる。前者は景観にも配慮した住宅地が開発され、それがその後の住民の活動によって維持されているケースである。後者は不動産事業者がニュータウンの建設にあたり、時間をかけて少しずつ開発し、その後の高齢化の進展に合わせ、空いた戸建てをリノベーションして新たな住民を呼び込むといった成長管理型のまちづくりとして知られる。

この二つは、ともに良質な住宅地として成長した。適切な維持管理、成長管理を行うことが住宅地としての価値を維持することにつながるため、住民や事業者にとってエリアマネジメントは、費用がかかっても十分採算の合う活動となっている。人口減少下でも持続可能なエリアを形成するためには、当初からエリアマネジメント活動を行うことが望ましい。

②衰退を予防するために導入されたケース

衰退を未然に防ぐため、エリアマネジメントの考え方を取り入れた例として、東急電鉄株式会社が実施した沿線の住宅地開発の例がある。沿線の高齢化に対処するため、駅近のマンションにシニア層を誘導し、空いた戸建てをリノベーションして子育て層を呼び込むなどの取り組みを行い、衰退を食い止めようとしている。衰退を防ぐことができれば、事業者にとって採算の合う活動となる。ただ、当初は導入しておらず、中途段階でエリアマネジメントを導入して衰退を防げるエリアは、そもそもエリアとしての魅力を備えた場所でなければ難しい。

③衰退後、再生するために導入されたケース

すでに衰退してしまったエリアで、民間事業者の活動がエリアマネジメントに発展している例として、「長野市善光寺門前」（株式会社MYROOMが実施）と「尾道市旧市街」（NPO法人尾道空き家再生プロジェクトが実施）がある。空き家、空き店舗の新たなユーザーへの橋渡し役を、前者では地元の不動産事業者、後者では地元のN

尾道空き家再生プロジェクトが空き店舗を再生したゲストハウス「あなごのねどこ」

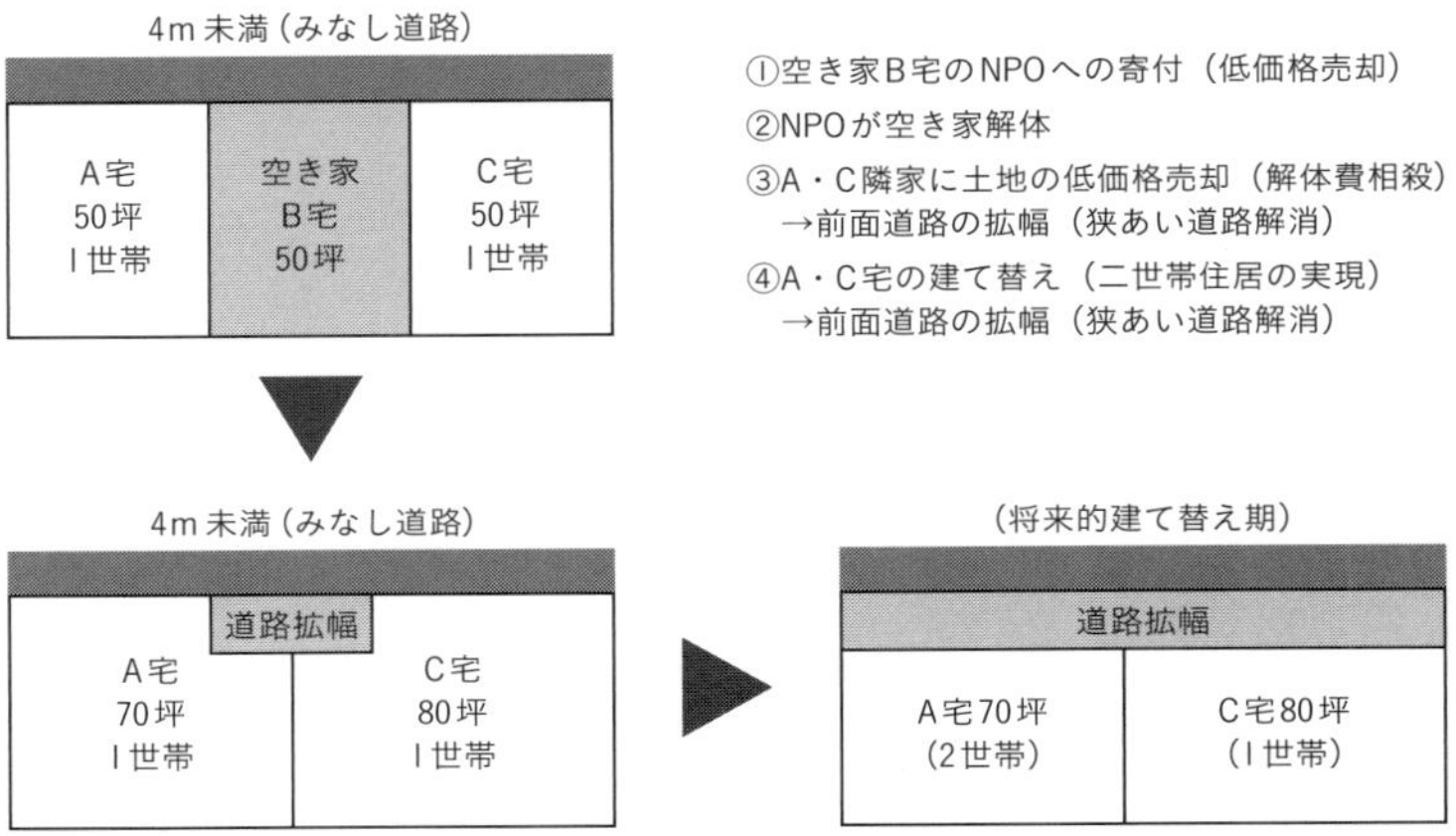

図9　つるおかランド・バンク事業の枠組み
（出典：榎本政規（2013）「鶴岡市のまちづくりビジョン」国土交通省第3回都市再構築戦略検討委員会提出資料）

POが担い、空き家の活用を進めた。

前者は民間事業として採算の合う活動となっており、後者は民間事業として採算をとることは難しいが、一部、補助金やクラウドファンディングの支援を受けながら継続している。ただし、一度、衰退したエリアの再生を図るためには、エリアの潜在力を引き出すアイデアや人材を発掘することが必要になる。二つのケースは、再生のキーマンがいずれも地元出身で、エリアの再生に貢献したいという思いが強かった。

すでに衰退してしまったケースで、行政が主体となってエリアの再生を促す仕掛けをつくったのが「鶴岡市中心市街地」（NPOつるおかランド・バンクが実施）である。行政が資金面で支え、民間の協力を得ることで土地利用の再編を行っている。権利関係を調整し、空き家・空き地を道路拡幅や隣家の敷地拡張に使うことで居住環境を改善する取り組みで、官民で３０００万円のファンドを組成している（図９）。民間の採算が合わない場合にエリアマネジメントを導入するためには、行政による支援が不可欠になる。

(4)空き家対策を進化させる必要性

人口減少下でエリアを存続させていくためには、本来、エリアマネジメントを当初から導入することが望ましい。その場合、シーサイドももちやユーカリが丘のように空き家が発生しないまちとなる。中途段階でもそのエリアのポテンシャルが高ければ、東急沿線や長野市善光寺門前、尾道市旧市街のように、民間がエリアマネジメントに乗り出すことで、空き家活用とエリアの再生が進む可能性がある。エリアの条件が悪く民間が乗り出しにくい場合は、鶴岡市中心市街地のように、行政が資金的に支援し民間の力を引き出すことで、空き家・空き地の解消につながる場合もある。

まちを必要以上に広げないことで、そのエリア内で長く使える住宅を建て、空き家を中古住宅として購入するしくみを整えることが、対症療法ではない、根本的な空き家対策となる。そのための手段として、コンパクトシティとエリアマネジメントの組み合わせによって、空き家対策を面としての対応に進化させていくことが今後の重要な課題となる。

2 海外の対策

本書で紹介する海外の各国では、どのようなエリア再生策が講じられているだろうか。

アメリカでは、廃棄された住宅等を取得し、権利関係を整理して、解体・保全など必要な措置を行い、再利用を図る公共的な非営利組織として「ランドバンク」、また、空き家・空き地を取得、管理運営して地域の価値向上に取り組む「コミュニティ・ランド・トラスト」が各地で設立され、重要な役割を担っている（2章参照）。

ドイツでは、管理不全住宅が集中するエリアや、住宅を利用したくても地域的な問題が大きい場合には、「都市改造」「社会都市」といったエリア全体として再生を図るしくみがある（3章参照）。

フランスでは、空き家を市場に戻す施策が重視されてきたが、近年は人口減少に直面する地方都市で、民間事業者と行政が連携して空き家を再生する「空き家リサイクル」の取り組みが行われている（4章参照）。

イギリスでは、空き家率が高い地域において、市が買い上げた空き家を1ポンドで売却し（改修費は購入者負担）、都市再生に寄与した事例がある（5章参照）。この「1ポンド住宅事業」にならい、フランスでも「1ユーロ住宅事業」が導入された地域がある（4章参照）。

韓国では、老朽・不良建築物の密集地域を整備する「小規模住宅整備事業」などのしくみが創設されている（6章参照）。

衰退地域において、個別対策ではなくエリア全体で再生させるというしくみは、どの国でも必要に迫られ登場している。先に述べたように、日本でも先進的な事例はいくつかあるが、たとえばランドバンク一つをとってみても、アメリカにおけるランドバンクの役割よりは限定的な鶴岡市の事例があるのみで、他への広がりは見られない。また、日本の場合、人口減少が進むなか、広がりすぎたまちをコンパクト化するという課題も負っているため、エリアの再生はより一層難しいものとなっている。しかし、これまでのまちづくりのあり方を変えるチャンスであり、今後の取り組みが大いに期待される。

注

＊1 総務省の調査は外観調査であるが、外観から空き家を判別する困難さから、空き家数が実勢より過大にカウントされているとの指摘もある（宗（2017））。

＊2 滅失住宅の平均築後経過年数は、国土交通省の推計によれば、日本32・1年（総務省「住宅・土地統計調査」2008年、2013年から算出）、アメリカ66・6年（2003年、2009年のデータから算出）、イギリス80・6年（2001年、2007年のデータから算出）となっている（国土交通省住宅局住宅政策課監修『住宅経済データ集 2017年度版』住宅産業新報社）。

＊3 新築と中古を合わせた全住宅取り引きのうち中古の占める比率は、国土交通省によれば、日本14・7％（2013年、総務省「住宅・土地統計調査」2013年から算出）、アメリカ83・1％（2014年）、イギリス87・0％（2013年）、フランス68・4％（2013年）である（国土交通省住宅局住宅政策課監修『住宅経済データ集 2017年度版』住宅産業新報社）。

＊4 算出方法は、国土交通省『土地白書 2017年版』を参照。

＊5 所有者不明土地問題研究会（2017）「所有者不明土地問題研究会最終報告―眠れる土地を使える土地に『土地活用革命』」

＊6 読売新聞（大阪版）、2016年7月25日

＊7 朝日新聞、2017年1月12日

＊8 山口敏彦・国土交通省大臣官房審議官（住宅局担当）は、解体費用の税による事前徴収のしくみは将来的な検討課題だとしている（浅見、上田、山口、山崎（2018））。

＊9 最近はこうした対策をとることを指南する専門家もいる。

＊10 所有者不明土地等対策の推進のための関係閣僚会議「所有者不明土地等対策の推進に関する基本方針」（2018年6月）の中で、検討課題の一つとして盛り込まれた。また、『土地白書 2018年版』では、土地所有権の放棄に関してアンケート調査（「土地問題に関す

る国民の意識調査」）を行った結果が紹介されている。放棄のしくみの可否については、76・6％が「放棄を認めてもよい」と回答しており、放棄された土地を引き受けるべき主体としては「国」が28・1％、「地方公共団体」が62・8％となっていた。一方、「利用されていない土地に関するWEBアンケート」で、空き地所有者のうち所有に負担を感じたことがあると回答した所有者に、所有権を手放したいかと聞いたところ、「売れる見込みはないが、手放せるものなら手放したい」との回答が25・4％となった。さらに、手放したいと回答をした所有者に「手放すために支払ってもよい費用」を聞いたところ、固定資産税相当分（1年分）が28・8％、固定資産税相当分（1年分）および管理費用（1年分）が8・8％、固定資産税相当分（5年分）および管理費用（5年分）が7・5％だった。一方、「費用がかかるなら手放したいと思わない」が49・3％に達した。

＊11　763自治体が設置、276自治体が準備中または今後設置予定（国土交通省、総務省（2017）「地方公共団体における空家等対策に関する取組状況調査」）。

＊12　移住・交流推進機構（2014）『「空き家バンク」を活用した移住・交流促進自治体調査報告書』

＊13　移住・交流推進機構（2018）「空き家バンクに関する調査研究報告書」

＊14　新潟県見附市、富山県立山町、福岡県豊前市、鳥取県日南町など。

＊15　国土交通省（2017）『土地白書2017年版』

＊16　国土交通省土地・水資源局（2008）『街を育てる―エリアマネジメント推進マニュアル』コム・ブレイン

＊17　民間事業者が遊休不動産を対象にリノベーションの事業計画を練り、不動産オーナーに提案して実現を目指す「リノベーションスクール」もその一例である。これまでに全国20カ所以上で実施されている。

参考文献

・浅見泰司、上田真一、山口敏彦、山崎福寿（2018）「座談会 空き家・空き地問題について」『住宅土地経済』冬季号
・宗健（2017）「住宅・土地統計調査空き家率の検証」『日本建築学会計画系論文集』第82巻第737号
・田處博之（2015）「土地所有権は放棄できるか―ドイツ法を参考に」『論究ジュリスト』第15号
・吉田克己（2015）「都市縮小時代の土地所有権」『土地総合研究』第23巻第2号
・米山秀隆（2018）『縮小まちづくり』時事通信社

2

アメリカ
空き家の発生を抑える
不動産流通システム

小林正典

1 住宅市場の現状

1 消費財でなく貯蓄手段としての住宅

アメリカ国民にとって、住宅はアメリカンドリームを体現するものの一つであり、日本以上に社会的・経済的な意義の大きなものとして捉えられている。アメリカには、住宅に関する課題は供給する民間企業と個々の消費者との間で解決すべきでものであり、国（連邦政府）が介入する領域ではないという伝統的な考え方があるが、連邦政府が実施する政策は基本的に持ち家取得の促進であり、その政策が財産や投資対象としてより高品質で高価な住宅を生みだす動機を与えてきた。[*1]

一方、近年、全米で一次取得者（新規購入者）の持ち家率が減少しており、２００８年の経済危機以前には50％を上回っていた30～34歳の人口層の持ち家率は、２０１１年に50％を切り、２０１８年の第１四半期には46・3％にまで下がっている[*2]（国勢調査局、２０１８年4月発表）。その背景には、30代労働者の雇用条件の悪化、学生ローンの債務返済により住宅取得にまで余裕がないこと等が挙げられるが、「住宅取得により親世代よりも豊かな生活を送れる」という伝統的なアメリカンドリームは若年層ほど減少し、「衰退するアメリカンドリーム」という表現が広まりつつある。[*3] また、一部の州で空き家率が増加している状況に加え、テクノロジー産業の集積等により価格高騰が続く地域とまったく反対の状況に直面する地域との市場の二極化も進行しており、課題も目立ってきている。

アメリカの住宅市場では、住宅や居住地域などが多様な所得水準や社会階層に対応しており、所得や地位の向上に合わせて住み替えが頻繁に行われるが、1990年代以降にそのような状況を支える不動産流通システムが確立された。それゆえ、住宅は耐久消費財ではなく重要な貯蓄手段として位置づけられており、しっかりと維持・管理された住宅はその内容に応じて高価格で売却できる建物評価手法が普及しているため、リモデリング（増改築による改修と物的劣化を防ぐための維持・補修）が活発に行われている。その結果、消費者の間では、新築住宅にこだわらず、既存住宅をリモデリングし、住宅の価値を高めながら住み替えを続けていくライフスタイルが定着している。

このような住宅に対する考え方、価値観やライフスタイルにより、さらなる高度化が促進されている不動産流通システムは、住宅市場の流動性を高めるとともに、一般消費者が利用できる社会システムとして普及している。

本稿では、こうしたアメリカの不動産流通システムの概要と、当該システムが空き家問題に貢献している背景を整理する。さらに後半では、長期にわたり放置されている市場性のない空き家への対応策として注目されている「コミュニティ・ランド・トラスト（Community Land Trust）」と「ランドバンク（Land Bank）」のしくみを紹介する。

2 住宅ストック数と空き家率

住宅ローン破綻者が急増し、差押え件数は累積で554万件（2004～08年第2四半期末）にまで拡大したアメリカでは、２００6年中頃以降、住宅価格が下落に転じ、住宅着工や取引が著しく縮小した。こうじた状況が地域コミュニティを疲弊させ、固定資産税を主たる財源とする地方自治体の経営に大きな影響を及ぼすことで生じた金融システムの混乱は、一般家計や地域コミュニティという最小単位から社会経済全体までを揺るがす問題にまで発展することとなった。

その一方で、クリントン政権・ブッシュ政権下では持ち家政策が一層促進され、２００4年の持ち家率は全米平均で69・0％という水準に達した。しかしながら、住宅バブルによる問題が顕在化して以降は急速に低下し、オバマ政権・トランプ政権でも同様の政策を展開しているものの依然として低下し続けており、２０１7年は63・9％となっている。ハーバード大学住宅調査共同センターによる持ち家率長期予測研究結果[*4]によると、現在の64％前後から２０３5年には60・7％へ落ち込むと推計されている。

一方、全米の総住宅ストック戸数は、総世帯数の増加に対応して増え続けており、２０１0年のセンサス調査では１億３６８0万戸と公表されており、全米の平均空き家率は10％前後で推移している（図1）。

過去10年間の移民統計や人口統計を見ると、年平均で１００万人を超える水準で合法的な移民を受け入れ、自然増を含めると年平均で約２６0万人という規模の人口が増加しており、住宅需要の拡大を促している。また、90年代を通じて、住宅市場における空き家率（戸建ておよび民間賃貸住宅の空き家率）は拡大傾向で推移していたが、サブプライムローン等による金融危機を背景とした住宅バブ

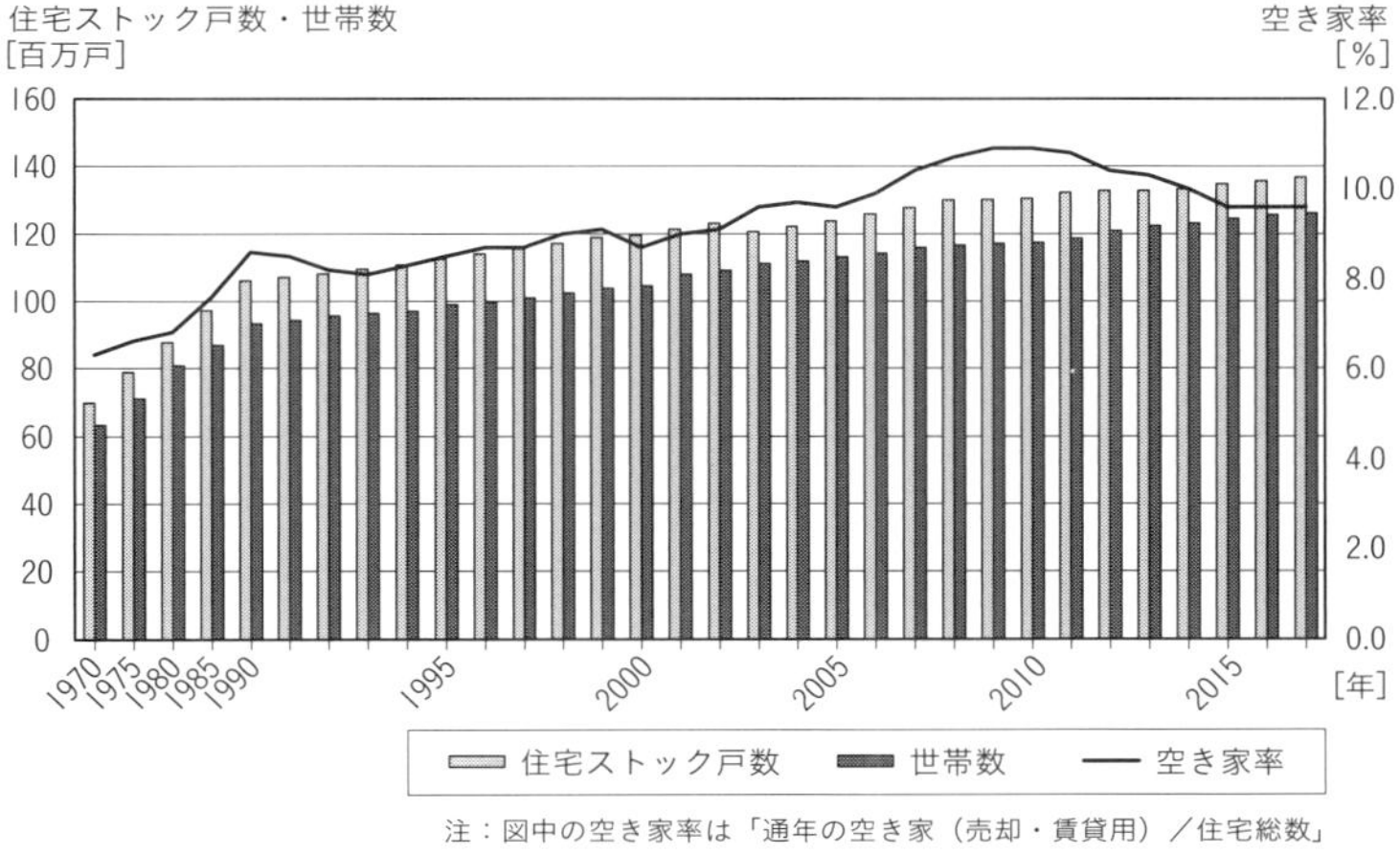

図1　アメリカにおける住宅ストック・世帯・空き家率の推移
（出典：アメリカ商務省センサス局「Housing Vacancies and Homeownership」）

ルの崩壊、住宅価格の高騰により、2009年に10・9％にまで達した後は減少傾向となり、2017年には9・6％となっている（図1）。

その要因としては、雇用市場の改善とともに2010年に一挙に534万人、2011年には608万人もの海外からの短・中期の滞在者が流入したこと、短・中期の賃貸契約や住み替えのための既存住宅に対する需要が拡大したことが挙げられる。このように、人口の自然増と移民の流入、そして国民に定着した根強い住宅に対する潜在需要がアメリカの住宅市場を支えている。

3　新築住宅と既存住宅の販売状況

アメリカの新設住宅着工戸数は、2005年に1972年のピークの235・6万戸に次ぐ206・8万戸という水準まで上昇したが、そ

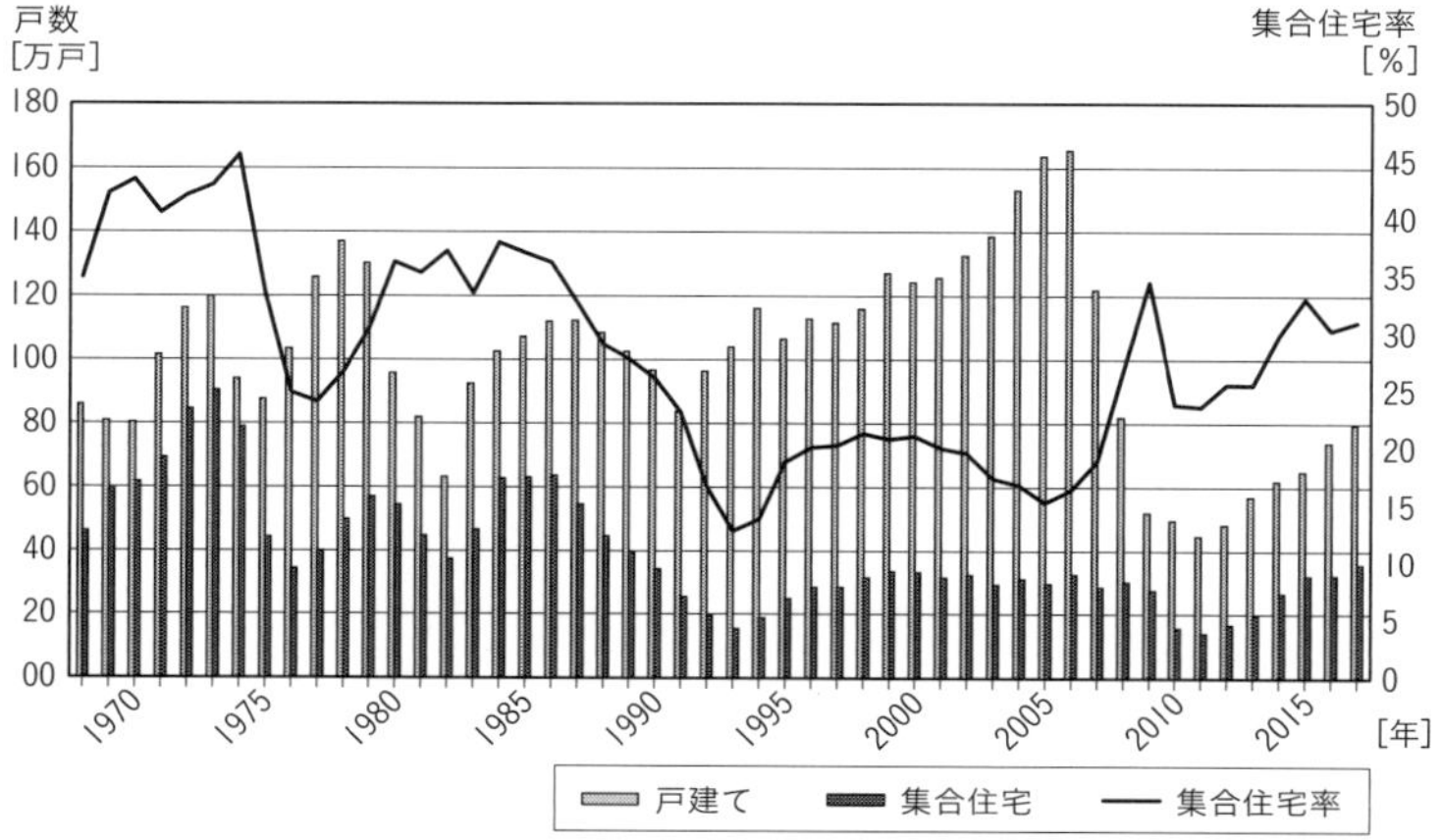

図2　アメリカにおける民間住宅（戸建ておよび集合住宅）の供給戸数の推移
（出典：アメリカ商務省センサス局資料、全米不動産協会資料）

の後の住宅バブルの崩壊により急速に減少し、２００９年には55・4万戸にまで落ち込んだ。なお、民間住宅の新規供給戸数は、２００６年の１６５万戸をピークとして２０１１年に44・6万戸まで減少しているが改善基調にあり、２０１７年の実績は79・5万戸となっている（図2）。

新設住宅の供給戸数が回復している背景には、集合住宅のシェアが高まっていることが挙げられる（図2）。住宅バブルの崩壊により持ち家志向が低下した一方、賃貸共同住宅の建設需要は上昇傾向にあることに加え、底値感および品薄感が強まっていたコンドミニアムに対する投資家の需要が回復の兆しを見せており、全体として集合住宅の供給比率は増加している。

また、既存住宅の販売戸数は、２００８年に年間４１２万戸にまで低迷した後、緩やかに上昇し、２０１６年に５４５万戸、２０１７年には５５１

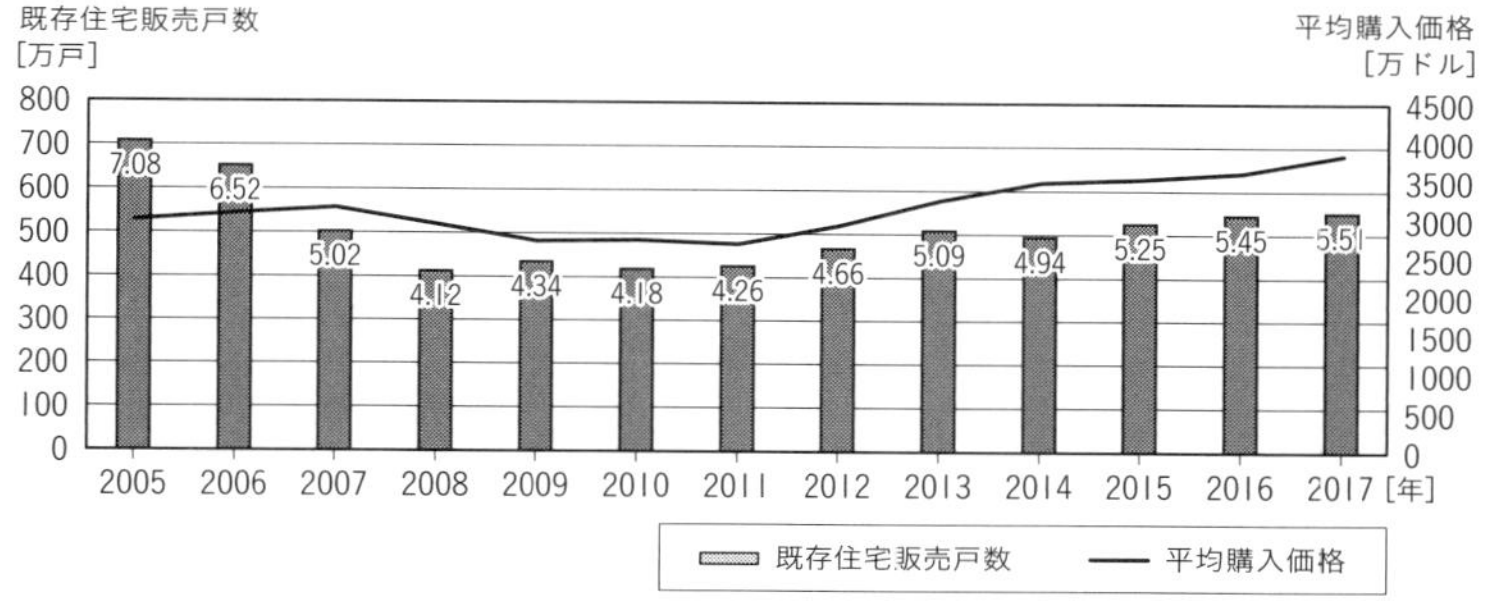

図３　アメリカの既存住宅販売戸数と平均購入価格の推移

万戸にまで増加しており、年間７００万戸レベルのピーク時には程遠いものの回復基調がうかがえる。取引価格に関しては、先述のようにリモデリングされた建物に対する評価方法が普及していることもあり、従来から上昇傾向にある[5]（図３）。

4　IT産業都市を中心とした不動産価格の高騰

２０１８年４月現在、全米の多くの都市で不動産価格が史上最高を記録しており、全米主要１０５都市の半分以上の都市において住宅価格が経済危機以前のピーク時の価格を上回っている。ピーク時の価格に対する上昇率が最も高い都市はヒューストンで69％、次いでダラス・フォートワースが67％、デンバーが62％、サンノゼが60％、サンアントニオが57％と続き、テキサス州の諸都市で上昇率が高い。ピーク時の価格に達していない都市は１０５都市中48都市だが、このままの勢いでいくとかなりの都市で上回ることが予測される。

現在、全米各地の売り物件不足を解消するため、７３０万戸の住宅が必要であると言われる[6]。特にサンフランシスコ等の西海岸エリアの諸都市にテクノロジー産業が集中しており、ＩＴ産業就業者の多くが他の都市に転居し始めている。ここ数年間でＩＴ産業都市として発展を遂げているのが、ソルトレークシティ、デンバー、アトランタ、ポートランド、シアトル、オースティン、ミネアポリス、ラーレイ、ピッツバーグ、シカゴ等で、これらの都市では住宅価格および生活費の高騰が著しく、一次産業や重工業地域として栄えた他地域との都市間格差が広がっている。[*7]

住宅購入者の内訳を見ると、新築住宅の購入者が最も多く、住宅ローンの審査が厳格化しているにもかかわらず30％前後の比率が維持されている。最近は、投資家への売却が20％近くまで伸びていることに加え、住み替え購入者が約15％にまで上昇しており、取引市場の回復に寄与している。なお、別荘等のセカンドホームの購入者は２０１３年１月には10％を切ったが、現在は10～12％のシェアで推移している。また、近年は国外からの住宅投資が増加しており、２０１７年３月時点での過去１年間の投資額は１５３０億ドル（約17兆円）で、前年度に比べ49％の伸びを示している。このうち半分が、フロリダ、カリフォルニア、テキサスの３州に集中している。[*8]

近年の住宅価格の高騰を背景として持ち家志向が低下するなか、賃貸物件の不足が依然として続いているものの、新規供給も追いついておらず、全米の賃貸アパート入居率は約95％と算定されている。入居率の高い都市は、１位ミネアポリス97・4％、２位ミルウォーキー97％、３位ニューヨーク96・9％、４位デトロイト96・8％、５位プロビデンス96・6％である。

また、全米４４００万戸の賃貸物件のうち35％を戸建て賃貸住宅が占めているが、この割合が増加している。この背景には、若者世代が住宅を所有できない状況がある。2011年からブラックストーンやコロニー・アメリカン・ホームズといった投資会社が戸建て賃貸住宅に大規模投資を行い、ブラックストーンの子会社インビテーション・ホームズが戸建て賃貸住宅をメインとした不動産投資信託（REIT）を売り出しており、こうした大規模な戸建て賃貸住宅投資が今後も継続される可能性は高い。このような機関投資家が保有している戸建て賃貸住宅は約20万戸で、全米の戸建て賃貸住宅総数の1500万戸の中では微々たる数ではあるが、アトランタ、フェニックス等の都市ではそのシェアが高まっており、今後の住宅市場に与える影響を注視していく必要があるだろう。

2 住宅市場を支える不動産流通システム

アメリカの不動産流通システムは、産業界が主導する形で、住宅需要が急増した1970年以降、本格的に議論され1990年代に確立された。

1 住宅取引の活性化

(1)取引の中立化を図るエスクロー業務

アメリカでは一つの住宅取引に複数の専門家が関与する。売主、買主それぞれの代理人は、売却相談、物件探索、現地確認、交渉業務、契約書案の作成、重要事項説明等を行い、契約締結を遂行する。日本との違いは、契約成立後、エスクロー会社が買主から手付金の預託を受け、残金決済、譲渡証書の引渡しまでを行う点である。エスクロー会社は、権原保険会社に対して譲渡証書の調査を委託し、権原保険会社は、売主の権原に瑕疵がないかどうか、譲渡証書が真正なものであるかどうか、登記関係書類に偽造・不備がないかどうか等について確認をする。権原保険会社は、法務局の登記情報等を精査し、所有者情報、債権債務関係の確認を行う。

このような不動産売買契約時に取り交わす指示書の履行確認、手付金等の資金の管理、最終残金の決済を行うサービスを業として行うことをエスクロー業務と言い、その業務を行う会社に対しては中立的な第三者として取引の安全性、公平性を担保するために州政府のライセンスを取得することが義務づけられている。ただし、アメリカでは州によって法制度が異なるためすべての州でエスクロー制度[*9]が採用されているわけではなく、主に西海岸と中西部ではエスクロー会社が、東海岸と南部では弁護士がエスクロー業務を行っている。

(2)住宅取引を効率化する事業者間連携

住宅取引件数の拡大、不動産流通の効率化・活性化を図るために、1990年代以降、全米不動産協会が、連邦政府・議会、消費者団体らと連携しながら、透明性の高い安定した住宅供給システムを構築してきた。アメリカの住宅取引は、主に、日本の宅地建物取引士に当たる不動産エージェントが売主・買主の代理人として契約を成立した後、エスクロー、住宅検査人（ホーム・インスペクター）や住宅ローンアドバイザー、不動産鑑定士、権原保険会社といった各専門家との分業・役割分担

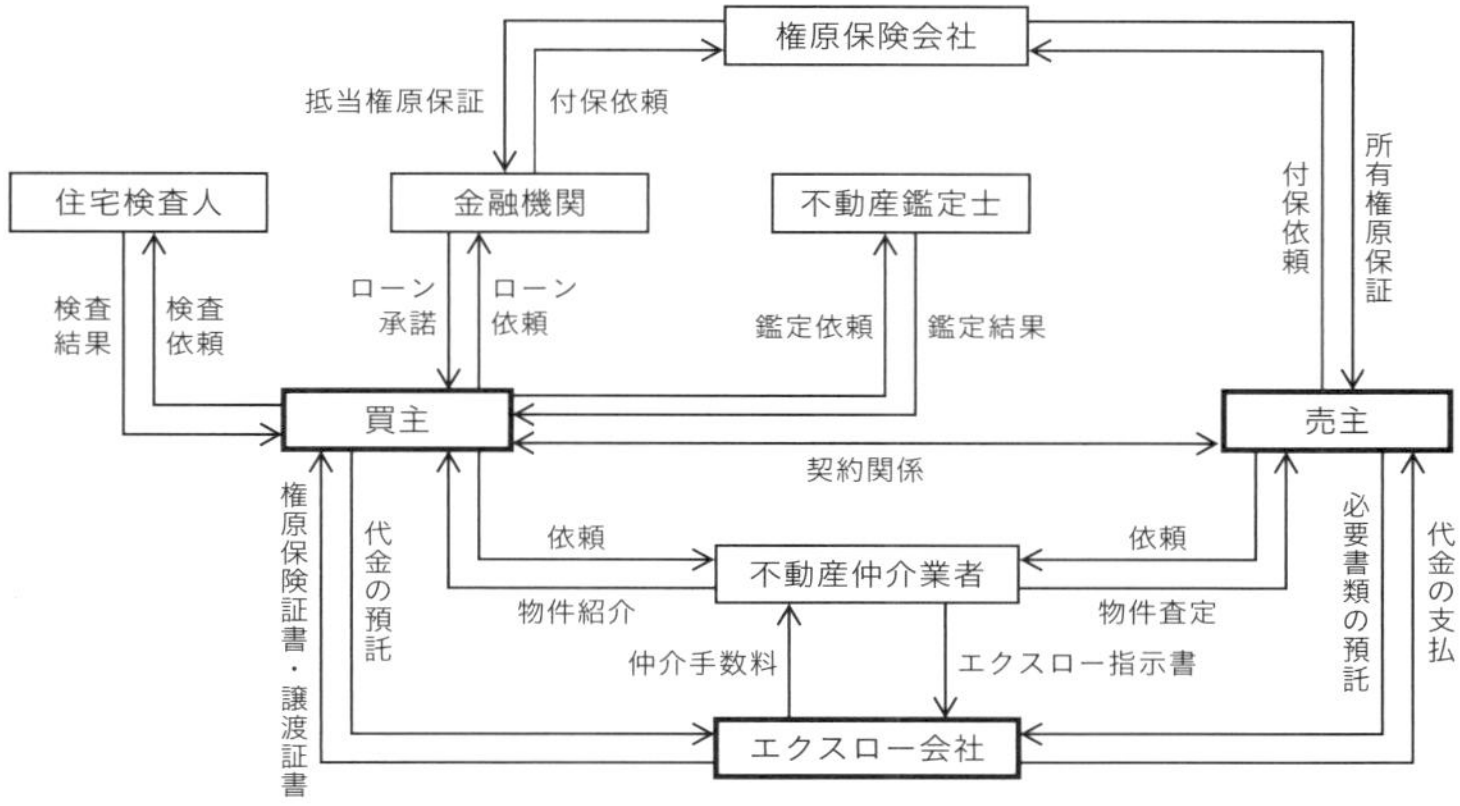

図4　アメリカにおける住宅取引の基本的なしくみ

により、物件の引き渡しが効率的に進められる（図4）。

売主、買主にとっては経費の負担が生じることになるが、このシステムを利用することで双方にとって手続きの効率性・確実性が得られる。一方、専門家にとっては取引件数の増加によりビジネスチャンスが拡大し、分業化が市場関係者の手数料収入の増加による利益拡大・雇用対策にもつながり、同時に、消費者が安心して住宅取引・住み替えができるという、市場の好循環をもたらすしくみになっている。

(3)透明性の高い取引を維持する不動産情報データベース

住宅取引における物件情報の整備・提供の充実は、売主にとっては自分の物件をより多くの人に見てもらえることで販売機会の拡大につながり、買主にとっては効率的に市場にある物件情報を見つけられるため購入機会の拡大につながる。加えて、不動産業者にとっては、営業区域の情報をすべて把握することで営業機会の拡大につながる。

それを全米各地で可能にしているのが、「マルティプル・リスティング・サービス（Multiple Listing Services：ＭＬＳ）」と呼ばれる不動産データベースである。ＭＬＳの情報項目・仕様・運営方針はＲＥＴＳ（Real Estate Transaction Standard）という標準フォーマットにより統一化されており、ＲＥＳＯ（Real Estate Standard Organization）という組織が制定している。そのフォーマットに従って、全米のＭＬＳが不動産エージェントに対して物件情報の登録ルールを徹底しており、各種履歴情報サービスとの連携で透明性の高い充実した情報提供を行っている。

さらに、ＭＬＳは不動産エージェントの営業支援を行う民間会社でもあり、事業者教育、契約書の標準化、事業者に対する住宅取引ルールの遵守の徹底にも取り組んでいる。たとえば、ワシントン州では、州政府が決定する告知書（売主が提示する物件確認状況書）以外の標準統一様式をＭＬＳが決定し、全事業者に使用を義務づけることで消費者保護を実現している。さらには、物件の囲い込み（ポケットリスティング）の禁止、物件情報のステイタス管理（取引の進行状況を公開すること）、誇大広告の取り締まり等を実施することで、透明性の高い住宅取引を維持する役割を果たしている。

(4)不動産エージェントの教育システム

不動産エージェントの資格制度は州政府が所管しているが、その試験内容や教育制度は州によって異なる。各州とも業界への参入規制を低く設定する一方、資格取得者のスキルを保つための継続教育を義務化している。

不動産エージェントは必ずブローカー（不動産会社）と所属契約を結んでおり、ブローカーの支援を受けながら業務を遂行している。ブローカーは、共通契約書様式の変更や法令改正、統計に関する情報等を提供することに加え、エージェントの教育も盛んに行っている。インターネットが普及した現在、情報提供の充実化に伴って顧客のニーズは多様化しており、顧客との信頼関係構築の重要性が高まっている。購入希望者に対する売買価格比較分析の作成や各専門家とのネットワークによる質の高いサービスの提供が従来以上に求められるなか、エージェントの教育は欠かせない。

(5)不動産鑑定における適正な評価システム

アメリカの住宅取引において、取引の効率化に大きな役割を果たしているのが不動産鑑定士である。土地建物評価をより正確に行うことが要請された1980年代後半以降、各州の不動産鑑定会社が中心となって不動産鑑定士の資質向上を目指して州の資格制度が導入された。また、1989年には金融機関に対して住宅ローンの総額が25万ドル（約2750万円）以上の場合に有資格者の鑑定評価を得ることが連邦法で義務化づけられたほか、連邦政府主導により書類・評価基準の統一化が進められた。

不動産鑑定士の鑑定作業を支えているのが先述のMLSであり、各地域のMLSから建物の減価に関する情報や近傍類似物件の成約価格情報を入手することにより、鑑定評価業務の効率化が実現されている。

⑹住宅検査（ホーム・インスペクション）の普及

１９７６年、差押え物件の価値を見極める目的でアメリカ建物検査協会が設立され、建物検査に関する制度が策定された。住宅分野では、１９９０年代後半には各州で住宅検査（ホーム・インスペクション）の制度化が進められ、２００１年からは検査基準や資格制度が普及している。現在、30州以上で制度化され、住宅取引の促進に貢献している。

検査は通常、契約成立後に、買主側の不動産エージェントの紹介を受け、買主立ち会いのもと実施される。インスペクター（検査人）は、建物全般を詳細に調査し、瑕疵や問題箇所をすべて見つけることを前提としておらず、州が定める最低基準項目についてのみ2〜3時間程度でチェックを行う。インスペクターは、検査結果を踏まえてレポートを作成し、それをもとに買主が最終的な契約の判断や修繕すべき箇所の確認を行う。加えて売主が買主側に示す物件状況の告知書の内容も踏まえて、契約を最後まで履行してよいかどうかを検討できる制度となっている。インスペクターによる修理・工事の禁止、不動産エージェントとの癒着禁止といった規定も定められ、教育制度も充実し、買主が安心して既存住宅を取得できる環境が整えられている。

2 空き家の発生を抑える八つのポイント

筆者が２０１２〜16年に調査研究を行ったワシントン州での住宅取引制度を踏まえつつ、空き家の発生が抑制されている要因をまとめると、次の8点に集約できる。

①ＭＬＳにより各地域の住宅情報が網羅的に整備され、情報の即時性・正確性が確保されており、物件掲載ルールの遵守が徹底され、監視体制が行き届いていることで活発な住宅取引を支えている。

②住宅取引における分業化・役割分担が明確化されており、不動産事業者に不動産取引の契約から決済までの全業務を集中させることなく、物件情報収集、住宅ローンのサービス、物件の物理的瑕疵の調査、権原保証の専門的な調査業務、精算・必要書類の総合管理を行う業務を効率化させるしくみが確立されている。

③各専門家に配分される手数料（フィー）が確保されている。住宅取引に関連する各専門家に業務が分担され、そのつど手数料が発生することで収益が上がるしくみが整備されている。

④建物の減価の評価が適正にできる鑑定評価制度が普及している。金融機関に対して連邦統一基準による評価が義務づけられており、金融機関・不動産会社外の専門家に鑑定を委託するしくみとその人材育成、そしてその評価業務を支える市場の情報共有を地域のＭＬＳが支えている。

⑤契約成立後に残代金の支払い、精算管理、契約条件の確認、権原調査等の総合調整作業を行うエスクローシステムが普及している。第三者機関が売主・買主の間に入ることで、紛争の未然防止、確実な契約履行、適正な登記事務を可能とする。

⑥過去の不動産契約履歴、契約・決済に関する全情報を網羅的に管理する権原保険会社が民間版法務局の役割を果たし、権原の瑕疵の確認、契約後の紛争防止に貢献している。

⑦住宅検査（ホーム・インスペクション）の活用・普及が買主の保護につながっており、より安全な不動産取引に貢献している。

⑧各専門家（民間事業者）の役割・機能を地域の不動産協会が認め、連携を呼びかけることで、不動産取引ルールの遵守の徹底、事業者教育の充実化が図られ、不動産流通システム全体を円滑に機能させており、地域の住宅市場の活性化が実現されている。

不動産流通システムの確立は、住宅取引における多様な消費者ニーズに対応し、消費者保護を確保するために有効な手法である。消費者・事業者が求める住宅をより選択しやすくする環境を整備することは、より安心して効率的に住宅を売買できる市場を担保するために不可欠であり、アメリカでは国民一人一人のライフステージやライフスタイルに合った住宅取引が確実に行われ、ひいては空き家の発生・拡大を未然に防止する有意義な社会システムとして定着している。

3 所有者不明土地問題を防ぐしくみ

アメリカの不動産登記制度は、証書登録制度が広く普及しており、一部の州では、証書登録制度とトレンズ・システムまたはタイトル・レジストレーション・システムが並存している。[*10] 不動産の権原（title）に関わる書面を州の登録所に保存することで不動産についての権利の得失、変更に関する証拠が残されるが、権利関係が複雑な大都市では権原の調査が繁雑となり、権原調査を専門とする弁護士の過誤等により依頼者（買主）が損害を被るという問題が発生した。そこで、1876年に権原保険会社が登場し、過去に集めた公の記録を補充するとともに、依頼者（所有者）の権原について保険証券を発行して券面額にいたるまで付保するしくみが全米各地で普及した。こうした制度によって所有者不明土地問題を防ぐしくみが整備されている。

3 コミュニティ・ランド・トラスト——空き家・空き地を再生してエリアの価値を高める

1 空き家・空き地の増加と地域の衰退

近年多くの主要都市で住宅取引が過熱しているアメリカでは、住宅の価格高騰が見られる一方で、地域経済の衰退や人口減少等に伴い、空き家・空き地、廃棄された不動産が増加している地域が2000年代に急増した。そのような地域では、治安の悪化が進行しているほか、供給過剰による住宅価格の下落が生じ、権利関係が複雑になった不動産や荒廃し解体が必要な建物が放置される等により地域に悪影響を及ぼしている。税滞納不動産の隣接不動産は、1戸あたり平均7200ドル（約80万円）の減価があり、全米で2009年だけ6950万戸の住宅に影響があり、その総額は50兆円を超えるとも試算されている。[*11]

ここで全米の空き家の内訳を見てみよう。賃貸物件が2〜3％、売却用の戸建て物件が1〜2％前後、別荘が3〜4％であるのに対し、個人が保有したままで放置されている「その他空き家」が5〜6％で推移しており、全体の空き家率が減少傾向にあるなか増加傾向にある点が注目される（図5）。

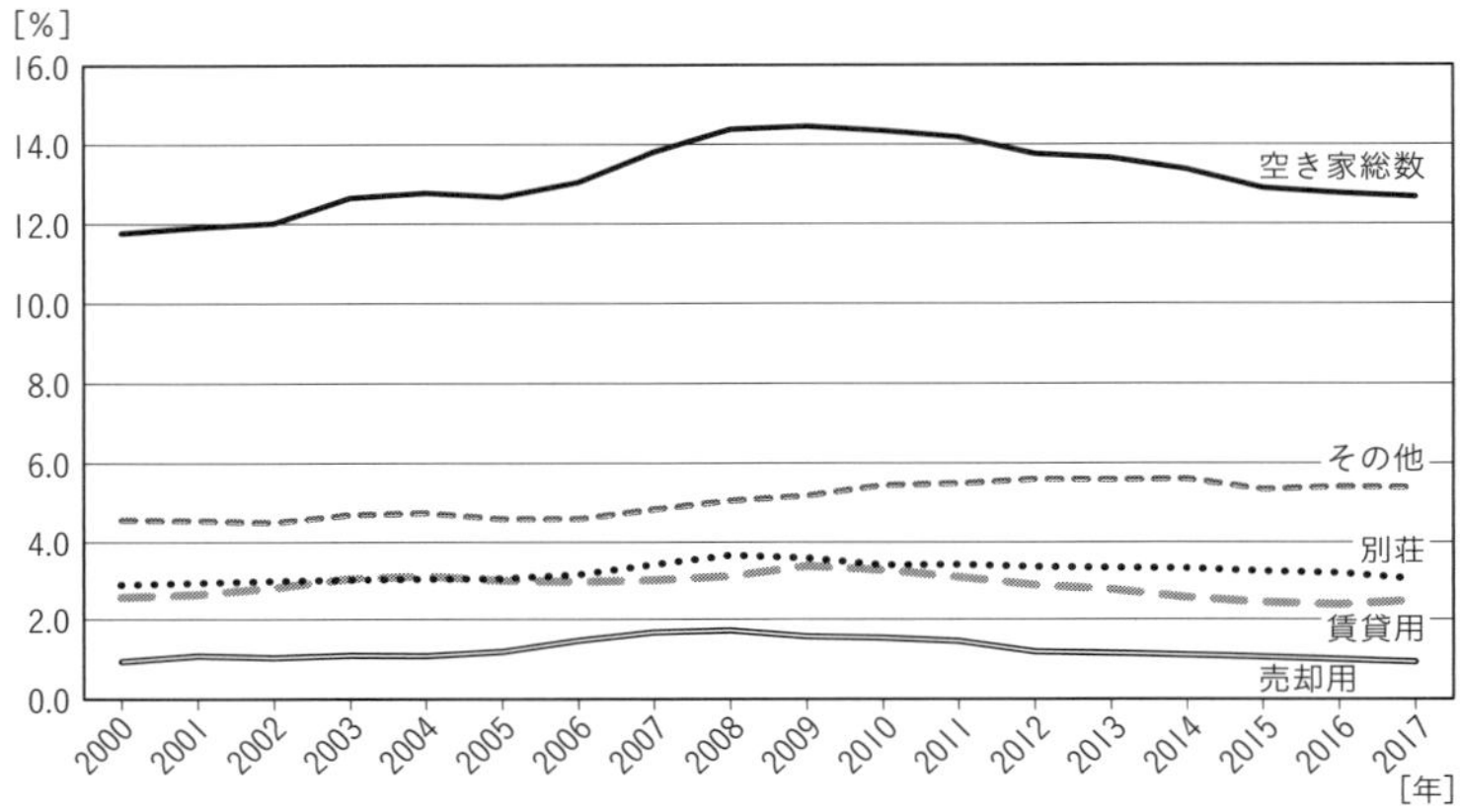

図 5　アメリカの空き家率の内訳
（出典：アメリカ統計局（2018）「Current Population Survey/Housing Vacancy Survey」）

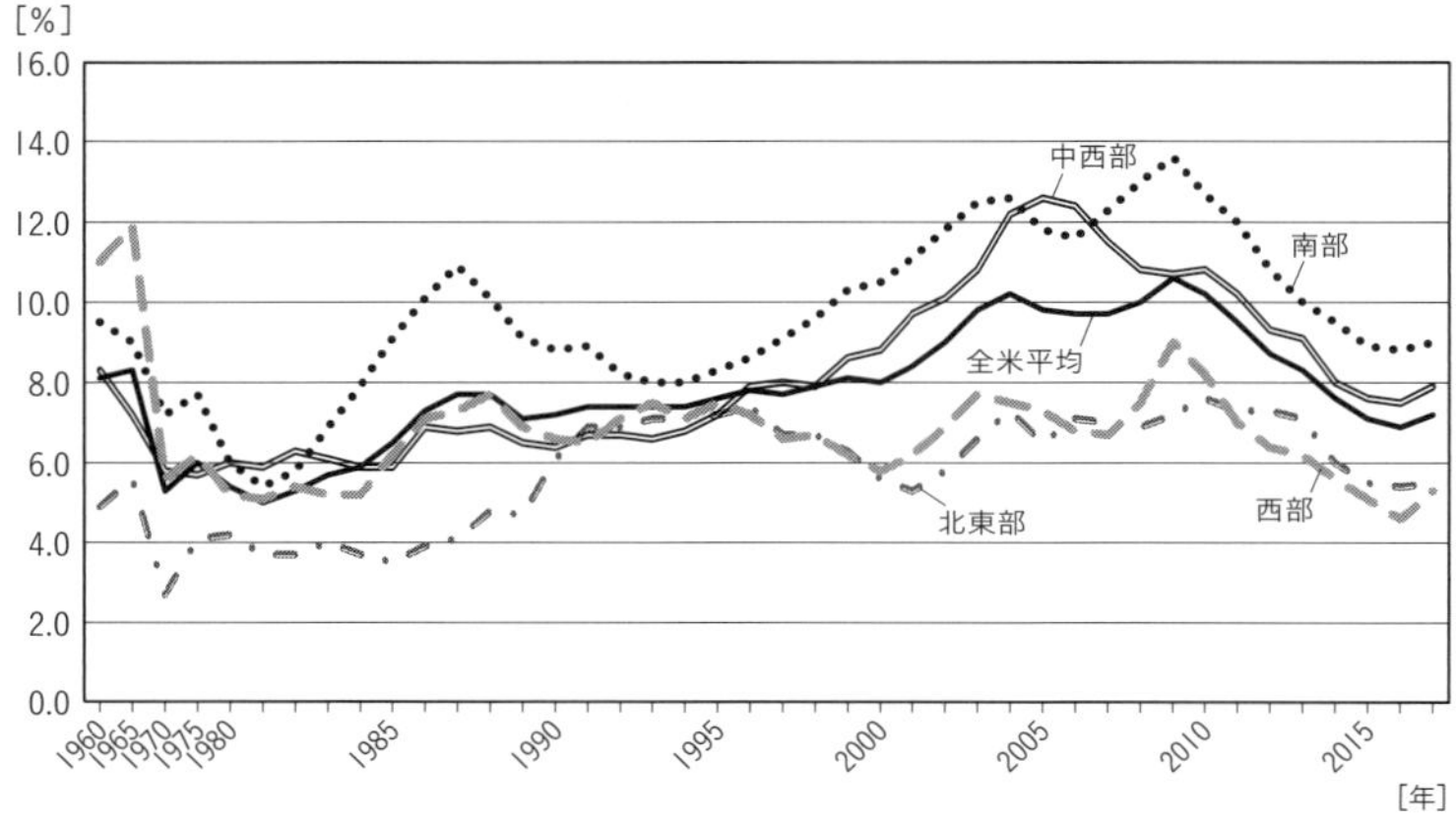

図 6　アメリカの地域別空き家率の推移
（出典：アメリカ統計局（2018）「Current Population Survey/Housing Vacancy Survey」）

また、地域別の空き家発生状況を見ると、全米平均に対して南部および中西部の空き家率が高い（図6）。特に、アラバマ州、ハワイ州、サウスカロライナ州、ウェストバージニア州、フロリダ州の空き家率は15％前後で推移しており、取引が活性化している北東部、西部の州に比べて圧倒的に空き家が多く発生している。

このような空き家の増加による地域の衰退に対し、廃棄された住宅等を取得し、権利関係を整理して、必要に応じて解体・保全を行い、再利用する公共的な非営利組織として「ランドバンク（Land Bank）」が設立され各地で活用されている。また、空き家・空き地を取得・管理運営し当該地区の価値向上に取り組む非営利組織として、「コミュニティ・ランド・トラスト（Community Land Trust：CLT）」が各地で設立されている。

2 地域住民主導の組織と運営

「コミュニティ・ランド・トラスト」（以下、CLT）は、住民の代表として地区内の空き家・空き地を取得、管理運営し、当該地区の価値を高める活動を行う非営利団体である。CLTは、必ずしも法的根拠に基づかない組織である点で後述する「ランドバンク」とは異なり、自治体主導の組織もあるが、非営利で活動を展開している組織も多い。現在、全米各地で260を超えるCLTが組織されており、そのネットワークが拡大している。

国内初のCLTは、ジョージア州のアフリカ系アメリカ人の市民活動家グループによって196

8年に創設されたニュー・コミュニティ株式会社（New Communities Inc.）で、同州リーズバーグ郊外の５０００エーカー以上の農地と森林地域に設立された。ニュー・コミュニティは土地購入のために当初１００万ドル（約1億1千万円）を超える負債を抱えたが、農業収入、土地の売却等により返済している。その活動は失敗との評価もあるものの多くの教訓を残した。

リンカーン・ランド・インスティテュートの調査報告書によると、１９７０年代には4団体しかなかったＣＬＴが、80年代以降増加し、特に２００８年の経済危機以降急速に増えている（図7）。

アメリカのＣＬＴの特徴としては、地域の個人もしくはコミュニティ主導で設立されたものが多いことが挙げられる。また、地域外の組織・会社や地方自治体が主導するものも半数近くあり、設立・運営のパターンも多様である（図8）。組織の規模としては10人弱の体制で運営されているものがほとんどであり、65％のＣＬＴでパートタイム職員を雇っている。

活動の財源は多様化しており、大半のＣＬＴで複数の収入源が確保されている。その内訳としては、再生不動産の運営によって得られる収益・手数料収入が約20％と最も多く、連邦政府からの補助（約18％）、民間資金（10％）、自治体負担（10％弱）、寄付（10％弱）、投資収益（10％弱）などが続く（図9）。

運営プロセスとしては、10〜15人の理事会によりさまざまな意思決定を行っている組織が多数を占める。理事会は、３分の１が土地所有者、３分の１が再生不動産の活用等に関わっていない地域住民の代表者、残り３分の１が地方自治体・事業者という構成を基本としており、各ＣＬＴが管理する不動産の再生・活用方針、具体的な再生内容等が決定される。

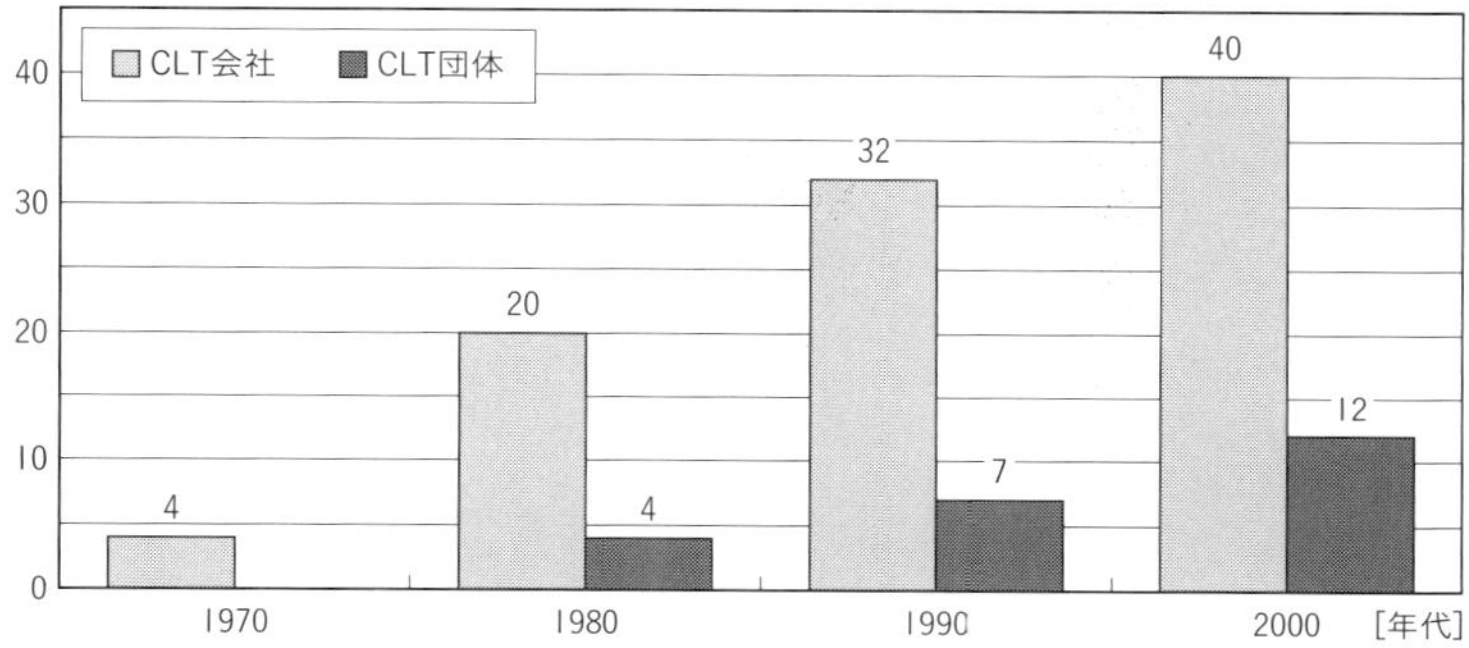

図 7　全米の CLT 数の推移（出典：2011 Comprehensive CLT Survey をもとに筆者作成）

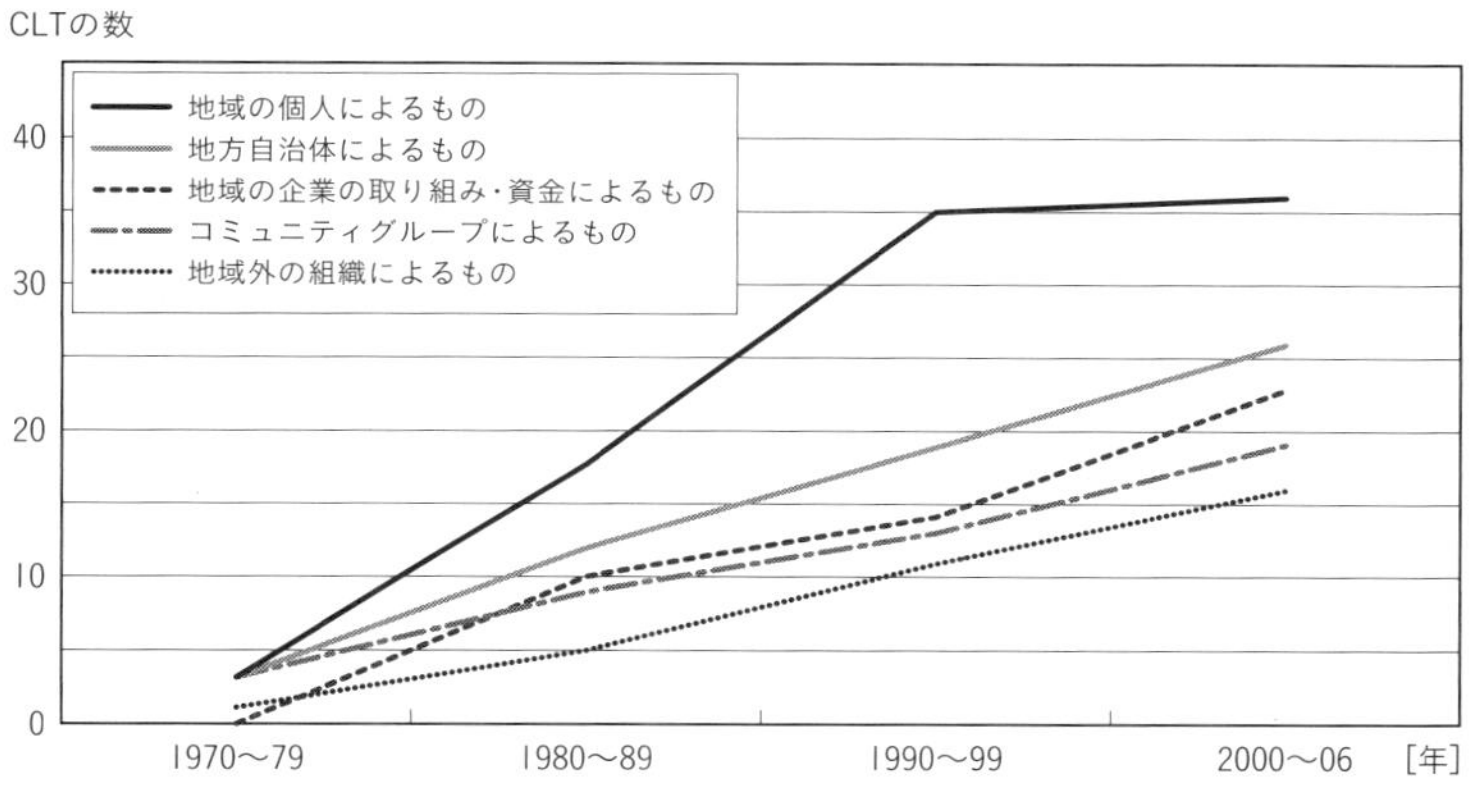

図 8　CLT の運営体制（出典：2011 Comprehensive CLT Survey をもとに筆者作成）

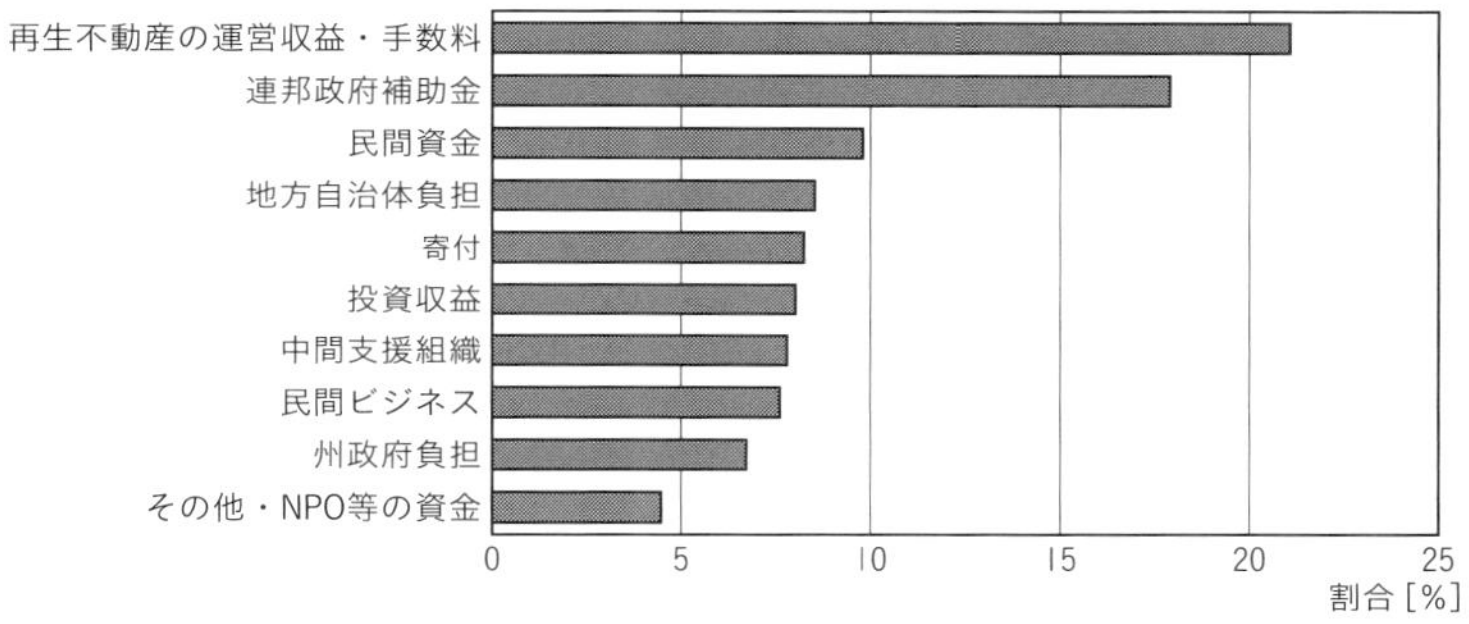

図 9　CLT の財源（出典：2011 Comprehensive CLT Survey をもとに筆者作成）

このように全米各地でさまざまな組織形態があるCLTであるが、その活動は短期的視点での空き地・空き家の再生にとどまらず、長期間的な視点で定期借地・借家契約締結により再生・再販売を進め、エリアの価値を高める活動を行っている点では共通している。

3 ダッドリー・ストリート地区イニシアティブによるエリア再生

代表的なCLTの事例として、ボストン市でまちづくり活動を行うNPO団体「ダッドリー・ストリート地区イニシアティブ（Dudley Street Neighborhood Initiative）」（以下、DSNI）の活動を紹介する。DSNIには不動産開発およびまちづくりの実行部隊が存在し、DSNIと一体となったCLTとして「ダッドリー地区まちづくり会社（Dudley Neighbors, Inc.）」（以下、DNI）が設立されている。DNIには地区内の空き地に対する土地収用権が付与されており、この権限を活用して空き地を取得・再生し、手頃な価格の住宅（アフォーダブル住宅）を供給していくことで地区の再生を推進している。

かつて、この地区には面積にして約3分の1、1300カ所以上の空き地があり、粗大ゴミの不法投棄が問題化していた。その問題解消に向けて、1984年に結成されたのがDSNIである。DSNIは、空き地の清掃とゴミ捨て防止キャンペーンから活動をスタートさせたが、やがては住民参加でマスタープランを作成したり、さまざまな政策提言・土地有効活用策の提案をボストン市に行うようになる。

DSNIが活動の幅を広げていくなか、1988年にボストン市再開発局がDNIを州法に基づ

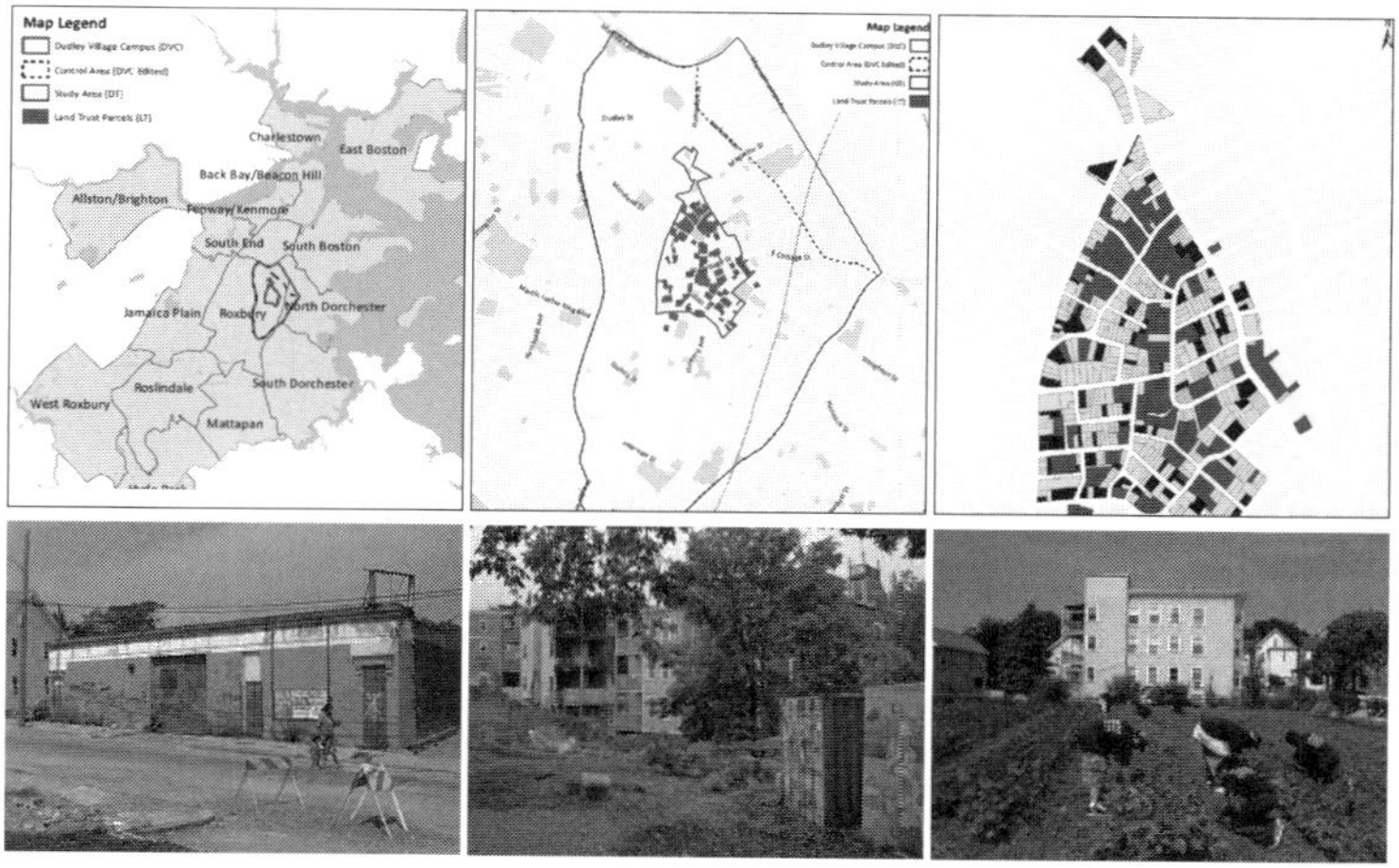

図10　ボストンのダッドリー地区まちづくり会社の取り組み（出典：DSNI提供資料）

く都市再生会社として承認し、地区内の空き地に対する土地収用権を付与した。法的根拠のない任意の会社または団体がCLTの大半を占めるなか、土地収用権が与えられたこのDNIは全米でも稀な事例である。

　DNIの土地収用権の取得に関しては、政府内部、市民からの反発はなかったものの、一部のNPOや企業からは不公平であるとの声も挙がった。そこで、DNIでは、投機的な目的による土地所有者の販売・開発から地区全体の利益を守るために、空き地を取得後、当該土地はDNIが所有し、建物のみ入居者が所有する形態を採用し、物件管理はDSNIが行うビジネスモデルでアフォーダブル住宅を供給しながら、再開発を推進している。

　DNIの理事会にはボストン市長のほか、州政府からもアドバイザーが参加しており、土地収用権を悪用しないよう監視を行っている。[*12] DNIがアフォーダブル住宅を開発するメリットは、99年間のリース契約を締結することで当該土地が市場取引価格に左右されることがなくなるため、安価な値段で安定的に住宅を取引できる点にある。また、通常の地区開発のように利益追求型の住宅供給を行うのではなく、持続性の高い住宅を供給・管理していくことを目的に活動を行っているのが最大の特徴であり、地区の価値向上を目的として公園等の整備も積極的に行い、成果を上げている。

現在、DSNIの会員数は3700名以上に達しており、当初1300あった空き地の半数以上が住宅（400棟以上、500戸以上）やコミュニティガーデン、コンサートホール、プレイグラウンド、学校、コミュニティ施設等に生まれ変わり、ハビタットガーデン（地域の動植物環境保全のための庭）等としても再生・有効活用されている。空き地活用の計画・設計にあたっては地元大学の学生を積極的に受け入れるなど、若年層へのまちづくり教育・人材育成にも力を入れている。

同様の動きは、ニューヨークのマンハッタン地区を中心に活動するニューヨーク市コミュニティ・ランド・イニシアティブ（NYC Community Land Initiative）のほか、西海岸ではロサンゼルス・ダウンタウン地区の南ロサンゼルス・トラスト（T.R.U.S.T. SOUTH LA）などに見られ、成果を上げている。それら成功しているCLTの共通点としては、①地域住民・地区全体が主体的にCLTを組織化・運営していること、②単なる地域再生のボランティア活動ではなく、不動産再生市場の担い手として活動していること、③当該物件の取得に関する権限が付与されていると同時に、多様な財源確保の手段を有しており、継続的に活動できる環境整備が整っていることが挙げられる。

4 ランドバンク──未利用不動産を市場に戻す

1 行政と連携した組織と運営

「ランドバンク（Land Bank）」とは、何らかの理由で有効利用されなくなった不動産を、①行政が関わる非営利組織が取得・保有しながら、②不動産に関わる法的・経済的な障壁を整理し、③地域のニーズに合った形で市場に戻し、保全することを目的とする公的な媒介組織である（図11）。

１９７１年、セントルイス市でアメリカ初のランドバンクが設立され、郊外へのスプロール化と都市中心部の衰退問題（インナーシティ問題）を抱えている地域を中心にその数は増えていった。現在、12の州で１２０を超えるランドバンクが設立されている。

住宅を主な対象とするランドバンクは、以下の三つの世代に分類される[*13]（表1）。

①１９７０年代から90年代に設立された第一世代のランドバンク：滞納税のある不動産の一部を取得・管理することにより一定の役割を果たしてきたが、税免除と法制度の連携が進まず、限られた財源での運用によって限定的な役割にとどまっていた。

②２０００年代に設立された第二世代のランドバンク：２００２年にミシガン州ジェネシー郡に設立されたランドバンク（後述）と２００８年にオハイオ州カヤホガ郡に設立されたランドバンクであり、ランドバンク・ブームの火付け役にもなった。製造業の衰退、人口減少に伴う空き

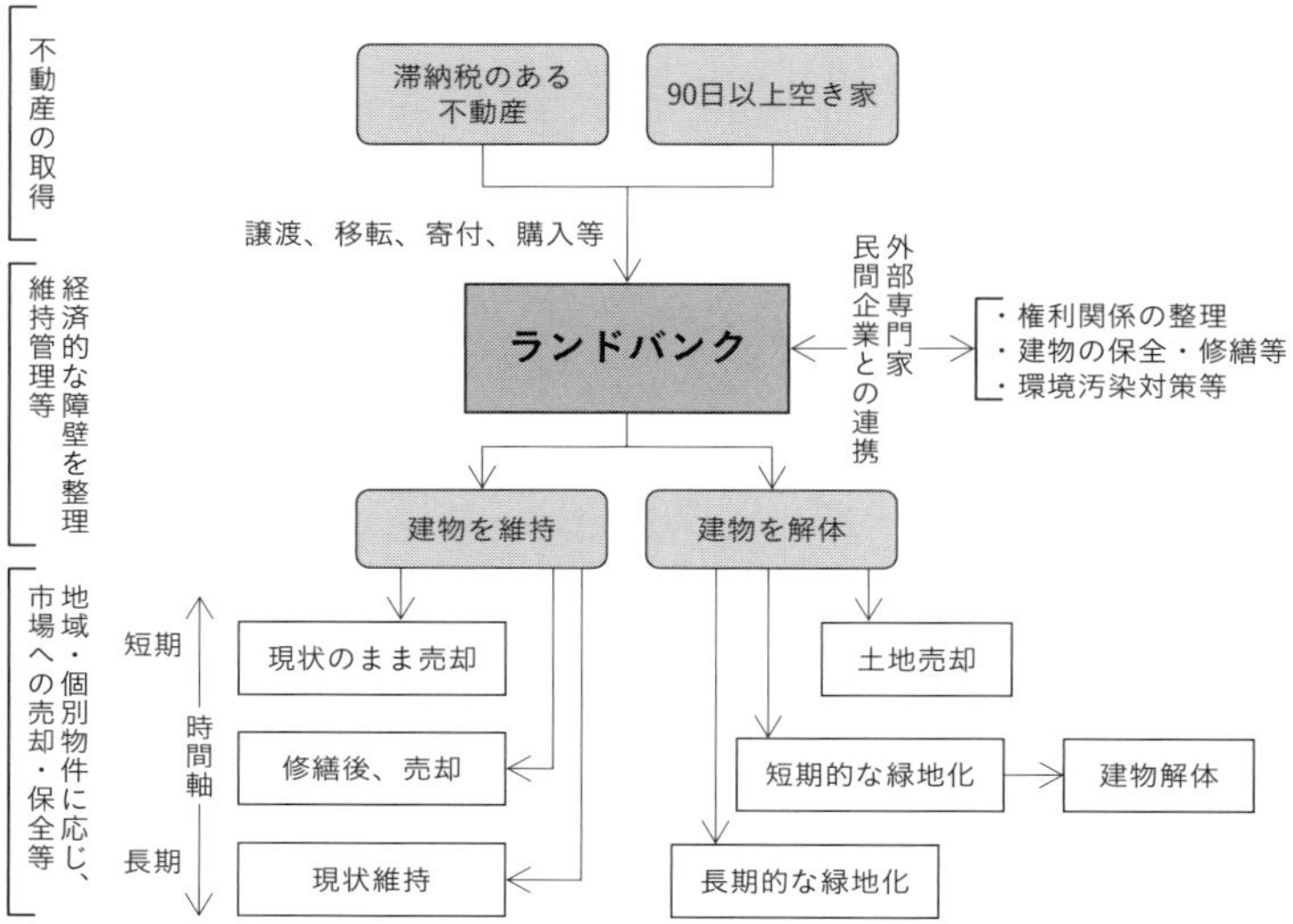

図11　ランドバンクの機能と基本的な手続きフロー（出典：小林正典、光成美紀（2016））

表1　ランドバンクの変遷・活用地域とその特徴

対象用途と分類	主に住宅			産業・商業施設
	第一世代	第二世代	第三世代	
設立時期	1970年代～90年初期	2000年代	2010年以降	2000年代
設立された市・州	セントルイス、クリーブランド、ルイスビル、アトランタ	ミシガン州、オハイオ州	ニューヨーク州、ペンシルバニア州、テネシー州、ミズーリ州	オハイオ州、ミシガン州、コネティカット州、ニューヨーク州、オレゴン州等
主な対象不動産	滞納税・放棄不動産	滞納不動産すべて	空き家、滞納・放棄不動産	産業・商業不動産
年間の取得不動産	100～500	100前後～2000	～1000前後	～数十
保有不動産（ロット数）	数百ロット	数千ロット	数十～数万ロット	100前後
主な機能	滞納・放棄不動産の管理が行われる	滞納不動産の権利等を整理し、再度市場に売却できる	空き家、滞納・放棄不動産の取得、維持管理、再生等	債務整理、調査・浄化を行い、市場性をつける

（出典：小林正典、光成美紀（2016））

アメリカ南部・中西部の空き家の例
（出典：Center for Community Progress（2015）Land Banks and Land Banking 2nd Edition）

家問題が深刻化したことを受けて州レベルで法制化が進み、ランドバンクの機能は大きく進展した。１９９９年のミシガン州の不動産抵当権実行関連法の改正により、固定資産税を滞納している不動産を郡が一括して取得することが可能となり、さらに２００４年にはミシガン州法が改正され、滞納税のある不動産の手続きとランドバンクによる不動産取得を一体で行い、市場ニーズに合わせた売却や管理が可能になった。

③２０１０年以降に設立された第三世代のランドバンク：２００７年のサブプライムローン問題を経て、２００８年に住宅都市開発省によ

り近隣安定化プログラム（ＮＳＰ）が創設され、滞納税のある不動産とともに90日以上空き家状態にある不動産も取得の対象となり、そのための予算として39億ドル（約４２９５億円）以上が連邦政府から州や自治体に配分された。[*14] ランドバンクの設立にも補助金が割り当てられ、加えて連邦政府により設立書式・手続きガイド等も整備され、ランドバンクの設立を促進する環境が整えられた。

２ 各州のランドバンクの比較

２０１４年までにランドバンクを導入した10州の取り組みを比較し、その共通点をまとめたものが表2である。滞納税のある不動産を取得し、建物の解体・開発を行うとともに、権利関係を整理することで、保険が付与できる市場性のある不動産として再び流通させるというランドバンクの共通の機能が見てとれる。

主要な財源は再生不動産の売却益やリース料であり、加えて寄付や補助金等で得た収入により運営されている。先述の第一世代のランドバンクでは、権利の整理・調整が迅速に進まずに、売却やリースによる収入が確保できなかったことが課題となっていたが、近年では効果的に運用できるしくみが州法により整備されつつある。

表3は、各ランドバンクが取得対象としている不動産を一覧にしたものである。空き家対策としては、２０１０年前後にオハイオ州およびニューヨーク州において滞納税のある不動産以外の空き

表 2　各州のランドバンクの共通項目

機能等	共通項目
対象不動産	滞納税のある不動産
不動産の取得・登録	自治体による移転登記、購入による取得、建物規則やゾーニング法の対象となる不動産の取得
ランドバンクの権限	条例等の適用、訴訟、政府間合意、保険の活用、不動産開発、不動産の撤去・解体、サービス料の徴収、不動産のリース
不動産の処分	不動産譲渡証書、スタッフによる執行権限の代行、第三者との販売契約、公正な市場価格以下の譲渡
ランドバンクの収入	再生不動産の売却益、譲渡・寄付、レンタル料、サービス収入

（出典：小林正典、光成美紀（2016））

表 3　ランドバンクが取得する対象不動産

		ミシガン州	オハイオ州	ニューヨーク州	ジョージア州	テネシー州	ミズーリ州	ペンシルバニア州	ネブラスカ州	アラバマ州	ウエストバージニア州
法制化時期［年］		2004	2009	2011	2012	2012	2012	2012	2013	2013	2014
対象不動産	共通	滞納税のある不動産									
	空き家		○	○		○		○	○		○
	放棄された不動産		○	○	○	○		○	○		○
	荒廃した不動産				○						
	不動産の活性化		○							○	○

注：州法に基づき州レベルでランドバンクを導入済みの 10 州を分析。

（出典：小林正典、光成美紀（2016））

家・放棄不動産の取得を認める動きが起こり、その動きはここ数年で各州に広がりつつある。また、アラバマ州やウェストバージニア州では、ランドバンクの活性化が必要であると判定した地区の不動産の取得・開発が認められており、取得対象は拡大の傾向にある。

　ランドバンクの不動産取得の方法は、自治体による登記の移転、購入、建物規制やゾーニング法の対象となった場合の取得などによる。オハイオ州以外は所有期間の制限がなく保有できる。不動産の譲渡に関する制約は少なく、ニューヨーク州等一部を除き譲渡先の公開義務はない。土地の活用方法についてはアラバマ州以外では、地域連携、第三者との委託契約、JV（共同企業体）による不動産開発が進められている。ランドバンクの財源は、基本的には再生不動産の譲渡・売却益、賃貸収入であるが、アラバマ州等以外では、銀行等からの借入、投資収益、債券の発行等、財源確保手段も充実している。

3 ミシガン州ジェネシー郡ランドバンク公社による住宅再生

「ミシガン州ジェネシー郡ランドバンク公社（The Genesee County Land Bank Authority）」（以下、GCLBA）は、州内で最も古いランドバンクである。ジェネシー郡では老朽化した住宅を積極的に解体する取り組みとして荒廃撤廃キャンペーン（Blight Elimination Campaign）を展開しており、先述の近隣安定化プログラム等の合計3500万ドル（約40億円）の補助金を活用して、2015年までに4400を超える建物を解体した。また、取得後販売した不動産数は2万6000にのぼり、そのうちの95％が住宅で、商業不動産も約500カ所にのぼる。この中には、ゼネラルモーターズの工場跡地を取得し、複合ビルを開発して販売した実績もある。こうしてGCLBAは空き家や管理者不在の老朽建物の撤去を通じて地域の住宅市場の安定化に貢献し、その活動実績が全米にランドバンクが広がる契機をつくった。

一方、再販した不動産の売却・賃貸で得られる収入は全体の約4割にとどまっており、収入の過半は連邦政府・州政府の補助金で支えられている。継続的なランドバンクの事業運営において、官民双方の補助や支援が不可欠であることが課題視されている。

5 学ぶべき公民連携と再生不動産取引の活性化

アメリカの空き家対策の特徴は、流通性のある不動産と市場価値の低下した放棄不動産とで取得・再生の主体およびその方法を分けて考えていることにある。

需要のある多くの都市部では、不動産流通システムが浸透し、事業者間の連携と専門家同士の役割分担により安定した取引を確保しつつ、住宅地経営組織（ＨＯＡ）等を活用しながら資産価値を高めるコミュニティづくりに取り組むことで購入希望者を誘発し、空き家が発生しにくい環境整備に努めている。

また、買い手・借り手を期待できない市場性の低い物件については、州政府が特別にランドバンクに一時保有・再生・売却等の権限を付与し、財政面での支援も行うことで、その再生に力を入れ始めている。同時に、より地区レベルのニーズに対応したコミュニティ再生手法としてＣＬＴが各地域に拡大しており、住民が主導する形で地区の資産価値を高める動きも広がりつつある。

日本では、２０１５年に空家等対策特別措置法が施行され、地方自治体に対して実態調査の実施、情報整備等の努力義務が課されているが、地域住民のニーズに即した住宅地づくり・不動産再生という観点からは内容はまだ不十分だと言える。また、民法をはじめとして関連する行政法においても解釈・見解に不透明な点がある。加えて、地域の空き家・空き地を管理・再生するための財源をいかに確保するかという問題もある。今後の不動産再生政策に向けて、これらの課題についてより具体的な検討が求められる。

※本稿の後半部分におけるランドバンクの制度、活用事例の情報収集については、光成美紀氏から多大な貢献をいただいた。コミュニティ・ランド・トラストに関する情報については、ロサンゼルスのＣＬＴ、南ロサンゼルス・トラスト（T.R.U.S.T South LA）のエグゼクティブ・ディレクター、サンドラ・マクネイル氏、ボストン市ダッドリー地区のＣＬＴ、ダッドリー地区まちづくり会社（Dudley Neighbors Incorporated.）のディレクター、ハリー・スミス氏には現地でのヒアリング調査、情報収集にご協力をいただいた。心より感謝申し上げる。

注

＊1　The National Association of Realtors（2007）100 years in celebration of The American Dream, NAR

＊2　２０１８年第１四半期住宅持ち家・空き家統計　https://www.census.gov/housing/hvs/files/currenthvspress.pdf

＊3　ニューヨークタイムズの報道（２０１６年12月８日）によると、１９４０年に生まれた人たちは、92％がドリーム達成可能と回答したのに対し、１９５０年生まれが79％、１９６０年生まれが62％、１９７０年生まれが61％、１９８０年生まれが50％と、若い世代ほど住宅取得意欲が低下している。

＊4　Homeowner Households and the U.S. Homeownership Rate: Tenure Projections for 2015-2035
http://www.jchs.harvard.edu/research/publications/homeowner-households-and-us-homeownership-rate-tenure-projections-2015-2035

＊5　２０１６年度末の平均中位価格は23万２２００ドル（約２４００万円）で、対前年比４％の上昇。現在の市場における平均販売日数は52日間となっている。売り出し在庫数は年度末１６５万戸で、これは全米不動産協会が１９９９年に同数値を調査して以来最低の数字であり、売り出し物件数不足を如実に表している。

＊6　圧倒的に売り物件が不足しているのがカリフォルニア州で、州内で３４０万戸の新築住宅が必要と推計されている。

＊7　金融情報提供サイト GoBankingRate.com が生活費（住宅購入費含む）の高い州と低い州のランキングを発表しており、高い州は１位がハワイ州、２位ワシントンＤＣ、３位ニューヨーク州、４位カリフォルニア州、５位マサチューセッツ州で、低い州は１位がミシシッピ

州、2位がインディアナ州、3位がミシガン州、4位がアーカンソー州、5位がオクラホマ州としている（２０１７年）。

＊８　件数で見ると28万４４５５件で、対前年比32％増。購入資金額のランキングは、1位が中国で３１７億ドル（約３兆４９０８億円）、２位がカナダで１９０億ドル（約2兆９２３億円）、3位がイギリスで95億ドル（約1兆４６１億円）、さらにメキシコ、インドと続く。

＊９　アメリカでエスクロー制度を採用していると言われている地域は、アラバマ州の一部、アラスカ州、アリゾナ州、アーカンソー州、カリフォルニア州、コロラド州、コネチカット州、ワシントンDC、ハワイ州、イリノイ州、インディアナ州、カンザス州、ルイジアナ州、メリーランド州、ミシガン州、ミネソタ州、ミズーリ州、モンタナ州、ネブラスカ州、ネバダ州、ニューメキシコ州、ノースダコタ州、オハイオ州、オクラホマ州、オレゴン州、ペンシルバニア州、サウスダコタ州、テキサス州、ユタ州、バージニア州、ワシントン州、ウィスコンシン州、ワイオミング州である。

＊10　吉村（１９６６）を参照。タイトル・レジストレーション・システムは、権原自体が登記簿に登記され、該土地に関する権利関係を知ることができることから、証書登録制度より近代的で優れたものであると言えるが、利用されているのは一部の州のみである。

＊11　Center for Responsible Lending（2009）Third Report on the Spillover Impact of Mortgage Foreclosures

＊12　ＤＮＩの理事会メンバーは、ダッドリー地区の住民6名を中心として、ロックスベリー地区代表、州政府・市役所の代表者等から構成されており、合議制で取得土地、活用方針を決議している。これまでの約30年間で30エーカーを超える土地を取得し、２３０を超えるアフォーダブル住宅の建設・供給を実現させている。

＊13　Center for Community Progress（2015）Land Banks and Land Banking 2nd Edition を参照。

＊14　２００９年アメリカ復興再投資法においても19億ドル（約２０９２億円）以上の予算が、近隣安定化プログラムに割り当てられた。U.S. Department of Housing and Urban Development（2009）Revitalizing Foreclosed Properties with Land Banks

参考文献

・Center for Community Progress（2014）Take it to the Bank How Land banks are strengthening America's Neighborhoods
・Center for Community Progress（2015）Land Banks and Land Banking 2nd Edition
・Elke Davidson（2012）Growing Partnerships Between Atlanta's Land Bank Authority, Community Land Trusts and Community Development Corporations, Davidson Consulting research paper supported by HUD

・HUD（2011）U.S Housing Market Conditions
・Joint Center For Housing Studies of Harvard University（2016）The State of the nation's Housing 2016
・Meagan M. Ehlenz（2014）Community Land Trusts and Limited Equity Cooperatives :A Marriage of Affordable Homeownership Models?, Lincoln Institute of Land Policy
・National Association of Realtors（2006）Profile of Second Home Owners
・National Association of Realtors（2007）100 years in Celebration of The American Dream, NAR
・National Association of Realtors（2011）Profile of Home Buyers and Sellers
・National Association of Realtors（2016）Code of Ethics and Arbitration Manual, NAR
・National Association of Realtors（2016）Handbook on Multiple Listing Policy, NAR
・U.S. EPA (2012) Revised Enforcement Guidance Regarding the Treatment of Tenants Under the CERCLA Bona Fide Prospective Purchaser Provision
・一般社団法人不動産流通経営協会（２０１５）「米国不動産流通市場」調査報告書
・国土交通省住宅局（２０１４）住宅の実質的な使用価値の評価手法に関する調査報告書
・小林正典（２０１８）「米国の不動産再生手法と諸課題 ―コミュニティ・ランド・トラスト等の動向」不動産政策研究会『不動産政策研究各論Ⅲ　不動産再生政策』東洋経済新報社
・小林正典、光成美紀（２０１６）「米国におけるランドバンク及びコミュニティ・ランド・トラストの活用による都市住宅市場の再生手法に関する研究―米国における２０００年代の低未利用不動産の再生・流通システムの実態調査を通じて」２０１６年度都市住宅学会論文
・原野啓、小林正典（２０１７）「既存住宅取引における建物価格査定と取引価格との関係」２０１７年度都市住宅学会審査付論文
・吉村眸（１９６６）「アメリカの不動産権原保険制度と登記制度」『法政研究』第33巻第2号、九州大学法政学会
・吉村眸（１９７４）「アメリカの不動産登記制度」香川保一編『不動産登記の諸問題』帝国判例法規出版社

3

ドイツ
公民連携で
空き家対策からエリア再生へ

室田昌子

1 ドイツと日本の比較

日本では、すでに指摘されているように、①人口・世帯数の減少、②新築志向の強さと新規住宅供給量の多さ、③中古住宅供給システムの課題の多さ、④空き家に対する所有者の問題意識の希薄さ、⑤税制度の課題や不動産登記の任意性といった多様な要因で空き家が発生している。

さらには、⑥定住意識の強さと住み替えシステムの確立の難しさが挙げられる。長く住み続けたい人が多いことはむしろよいことと思われるが、その結果、特に住宅地として開発されたエリアでは、開発後数十年を経ると高齢化が進み、やがて一気に空き家化が進むことになる。エリア全体が老朽化すると、若年層や子育て世代のニーズに合致せず住み替えが進まないため、そのままエリアとして放棄されることになりかねない。加えて、⑦土地や建物などの所有権に対する権利意識が強い一方で、所有に対する責任や義務の意識が強いとは言えない。空き家を放置するなど土地が適切に利用されていなくても、自分の土地の利用方法は自分の自由であるという考えが根強い。

さて、このような空き家が発生する要因のうち、ドイツと日本で共通する点を見てみよう。

第一に、ドイツは日本に先立ち人口減少に直面したという点である。ただし、それを移民で補う政策がとられており、特に近年は多くの難民や移民の流入により住宅事情は急速に変化している。

第二に、土地の所有権という概念が存在していることも、日本と同様である。ドイツの憲法である基本法では、財産権の保障が規定され、民法では所有権は法律や第三者の権利に反しない限り自由に行使できるとし、同時に責任や規制が明示されている。権利が明確な点は日本と同様であるが、義務や責任がより厳格に要求されている。

第三に、第二次大戦下で多くの都市が破壊され、戦後に住宅が圧倒的に不足したことに伴い、集合住宅団地を大量に建設した点が挙げられる。やがて、住宅不足が解消されるにつれて人気がなくなったそれらの団地では空き家が増加し、エリア全体の環境が悪化した。そのため、集合住宅団地の改修や建て替えを行い、地域の環境価値の向上を図ることが主要課題となっている。

その一方で、新築志向や新築住宅供給量、欠陥や不良のある住宅に対する改修・除却義務、不動産の登記義務、老朽エリアのリノベーションや再生のしくみなどに関しては異なる点も多い。そこで、本稿では、ドイツと日本の空き家対策における類似点や相違点に着目しつつ、ドイツの実態や諸制度を紹介し、日本での取り組みに参考となる点を考察していきたい。

2 住宅の現状と空き家の特徴

1 人口・世帯数の変遷と住宅数の推移

ドイツ連邦統計局が公表している人口の推移を見ると、1970年代には早くも頭打ちになり、1980年代半ばにかけて人口は緩やかに減り続け、その後いったん増加に転じるものの、200

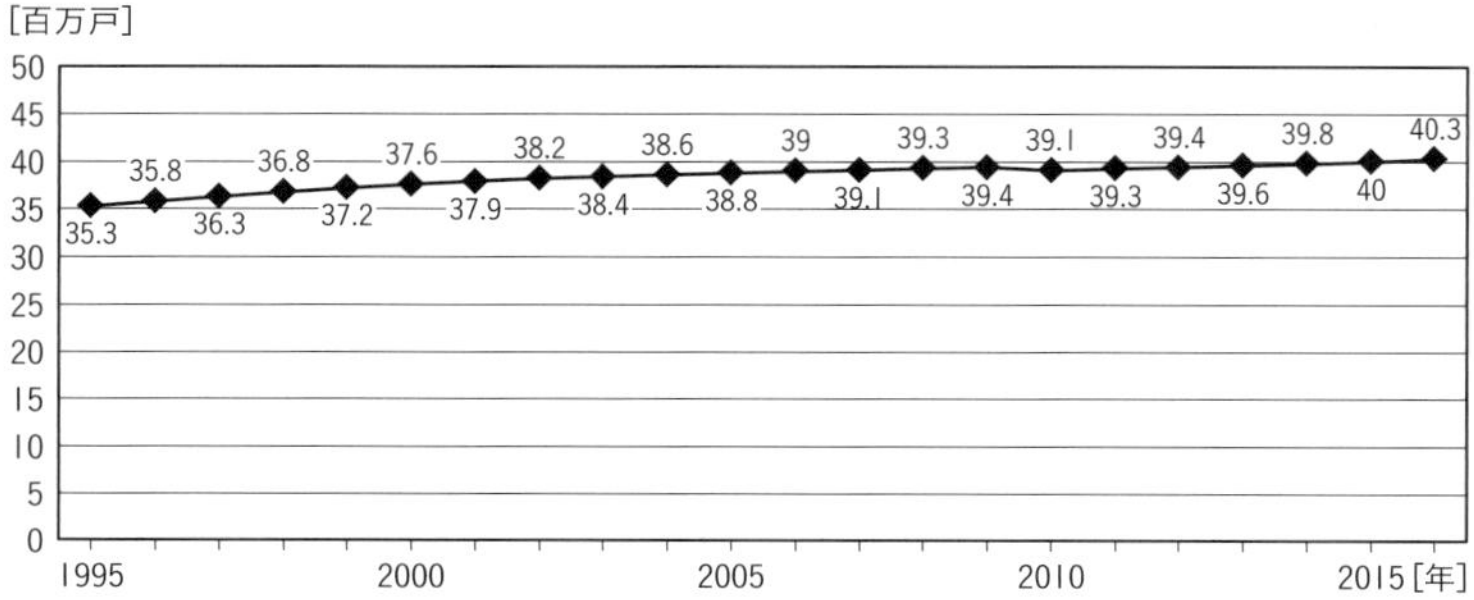

図１　住宅ストック量の推移（出典：Statistisches Bundesamt をもとに筆者作成）

０年代には人口減少が再び大きな社会問題となった。しかし、２０１１年以降は再度増加に転じ、２０１５年には８２２０万人となり、その後も増加が続いている。ただし、外国籍や移民の増加が多く、居住施設や保護施設を必要とする難民申請者が約74・6万人（２０１６年、連邦移民難民局）存在しており、特に主要都市の住宅市場に大きな影響を与えている。

一方、世帯数を見てみると、１９６５年に24・2％だった単独世帯が２０１５年には41・4％を占め、日本の34・5％（２０１５年、国勢調査）を越えている。また、１９６５年に28・3％だった２人世帯も２０１５年には34・2％へと増加しており、日本の27・9％よりも多い。ドイツでは日本以上に世帯の小規模化が進んでおり、今後も世帯数は増加すると見込まれている。

続いて、住宅のストック量を比較してみよう。ドイツでは１９９６年から２０１６年までの20年間で約４５０万戸、12・6％の増加が見られるが（図１）、日本では１９９３年から２０１３年までの20年間に１４８０万戸、32・1％（住宅・土地統計調査）増加している。ドイツの２０１６年の新築住宅の建築許可件数は32・3万戸（連邦統計局）であるのに対し、日本の同年の新設住宅着工戸数は97・4万戸（住宅着工統計）となっており、ドイツに比べて約3倍の住宅を新たに建設している。日本は、新築の件数が多く、ストック量の増加も大きい。

さらに、住宅数と世帯数の関係を見てみよう。ドイツでは、２０１１年のセンサスによると、居住用住宅の住戸数は３８７７万戸、また居住空間のある建物の住戸数は４１３０万戸であるのに対し、世帯数は３７５７万世帯で、居住空間のある建物の住戸数は世帯数よりも３７３万戸、10％ほど多い。一方、日本では２０１３年の住宅・土地統計調査によると、住宅総数６０６３万戸、総世帯数５２４５万世帯で、世帯数よりも８１８万戸、16％ほど住宅戸数が多く、ドイツの方が人口減少の開始時期は早かったにもかかわらず、住宅の余剰割合は日本の方が高い。

2 住宅の現状

ドイツの居住用住宅（寮や寄宿舎を除く）の特徴としては、賃貸住宅の戸数が持ち家よりも多いことがまず挙げられる（図2）。ドイツはヨーロッパでも持ち家率の低い国の一つに数えられるが、その背景には日本のように持ち家を推奨する住宅政策が推進されず、特に旧東ドイツで賃貸住宅の建設が重視されたという歴史的経緯がある。また、ドイツの土地の価格は安定しており、これまで賃料も比較的安定していた。ただし、ドイツ銀行によると、２０１３年から２０１７年にかけて住宅の分譲価格は30％、賃貸料は15％上昇している。特に大都市では２０１０年以降で2倍近く高騰して

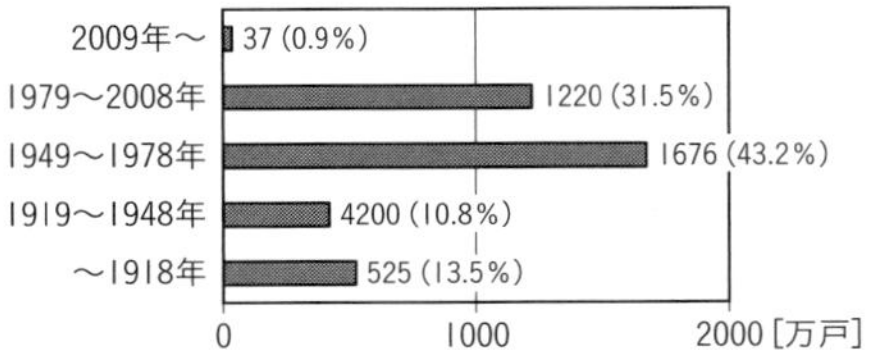

図３　居住用住宅の建築年代別件数
（出典：センサス 2011 をもとに筆者作成）

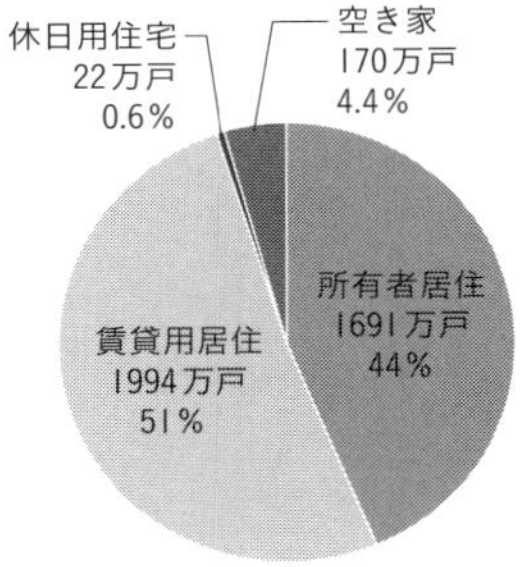

図２　居住用住宅の分類別件数
（出典：センサス 2011 をもとに筆者作成）

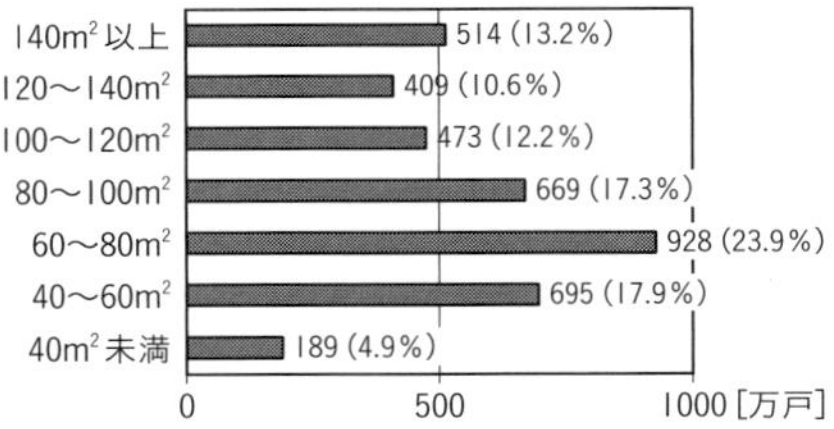

図４　居住用住宅の面積別件数
（出典：センサス 2011 をもとに筆者作成）

おり、状況は著しく変化している。

また、ドイツでは築年数の長い住宅が多く、現存する住宅のうち築１００年以上となる１９１９年以前に建設された住宅が約14％、築70年以上は全体の約４分の１、１９７８年以前の住宅は68％（２６２０万戸）を占めている（図３）。２００１年以降に建てられた住宅は２３９万戸で、全体の６・２％にすぎず、ドイツでは住宅の寿命が長い。建物を改修しつつ利用しており、中古住宅の利用が活発である。一方、日本では、１９８０年以前に建設された住宅は１３６９万戸、全体の26％であり、築年数の長い住宅が少なく、逆に２００１年以降の住宅が１２７７万戸、全体の４分の１を占めている（２０１３年、住宅・土地統計調査）。このように築年数には大きな違いがあり、日本は築年数の短い住宅の割合がかなり高い。

続いて、1戸あたりの面積を見ると、60〜80平方メートルの割合が24%と多く、ドイツ全体の平均は90・9平方メートル（2011年、センサス）で比較的狭い（図4）。集合住宅では68・9平方メートル、1〜2戸建てでは116・6平方メートルで、集合住宅が全体の平均値を下げている。対して、日本の全体平均面積は94・4平方メートル（2013年、住宅・土地統計調査）で、ドイツよりもやや広い。

3 空き家に関する統計

ドイツの空き家を把握する資料としては、不定期に実施される全国詳細調査であるセンサス（直近は2011年、その前は1987年）と、毎年実施されるマイクロセンサスの二つの統計がある。2011年に行われたセンサス2011では、行政登録データを活用し、全数調査と標本調査が併用で実施され、2011年4〜7月にかけて全1750万の住宅所有者もしくは管理者を対象に郵送によるアンケート調査が行われた。一方、マイクロセンサスは、1%の世帯の無作為抽出調査であり、空き家については4年ごとに調査が実施されている。

センサス2011の調査では、住宅は①所有者居住用住宅、②賃貸居住用住宅、③休日・レジャー用住宅、④空き家の四つに分類されている。一方、マイクロセンサスは、①居住空間のある建物、②所有者居住用住宅、③賃貸居住用住宅、④寮・寄宿舎をそれぞれ居住中、空き家と区分している。センサス2011の「空き家」は、居住用建物で住宅用途に通常使用される住宅（寮・寄宿舎は含ま

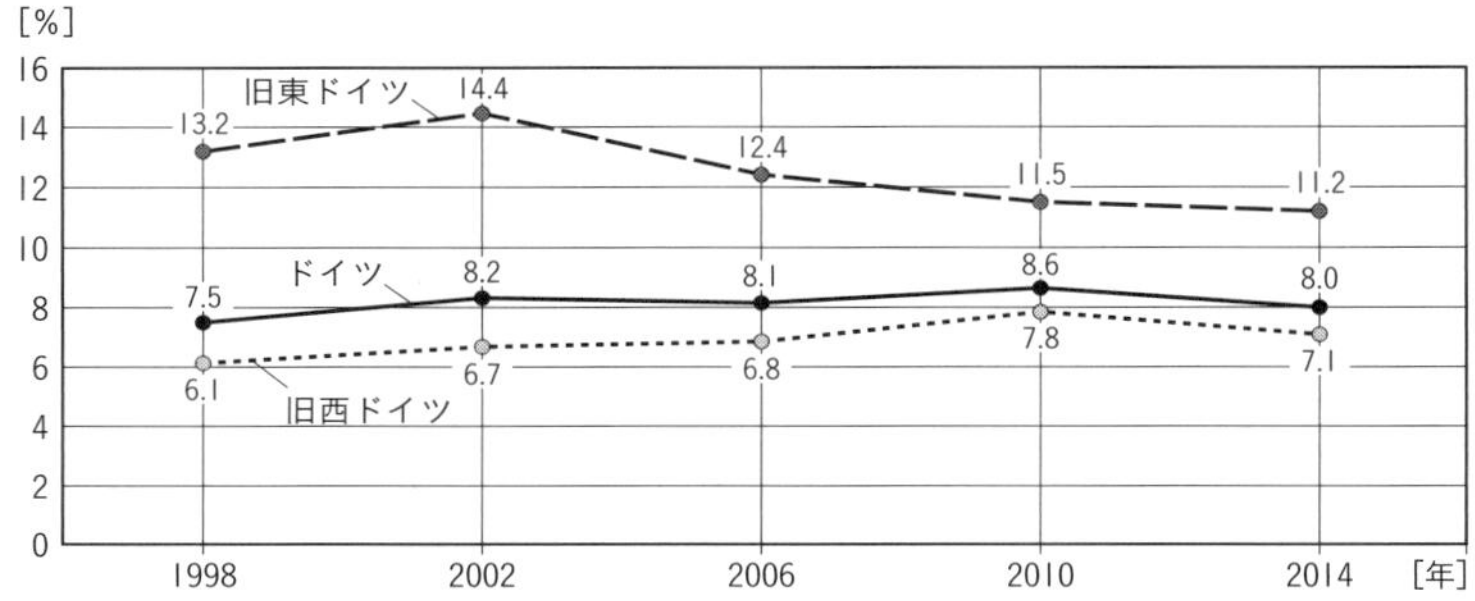

図5　空き家率の変遷（出典：マイクロセンサスをもとに筆者作成）

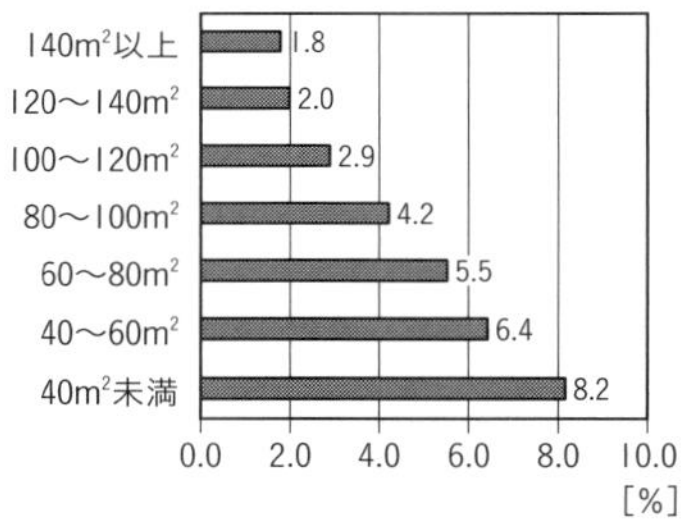

図7　床面積別の空き家率
（出典：センサス 2011 をもとに筆者作成）

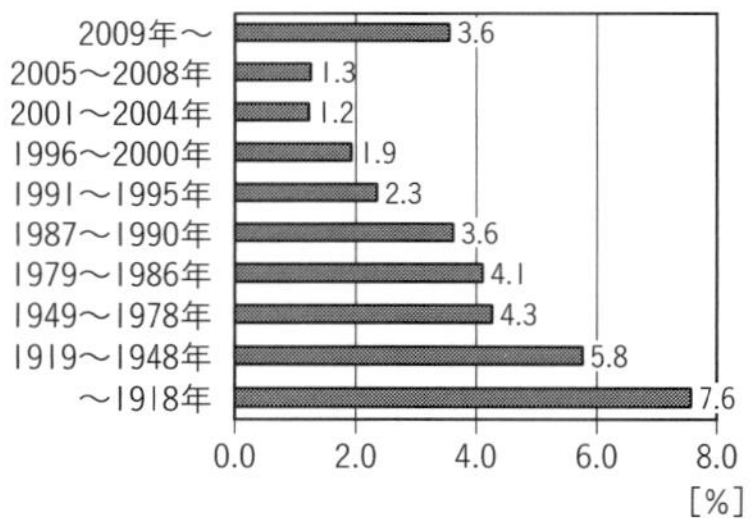

図6　建築年代別の空き家率
（出典：センサス 2011 をもとに筆者作成）

ない、商業用途に使用している住宅も含まない）のうち、居住中でもなく賃貸中でもない住宅を指している。日本の住宅・土地統計調査の「空き家」に含まれる別荘などの二次的住宅は空き家には含まれず、また賃貸用や売却用に一時的に空いている住宅については、特定の年月日一日のみの時点で空いているかどうかで判定する。

4 空き家の動向と実態

センサス2011によると、ドイツ全体で3877万戸の居住用住宅のうち空き家は170万戸で、空き家率は4・4%である。それに対して、マイクロセンサスの調査結果で空き家の動向を見ると、２０００年代の空き家率は８％台を超えており、２０１０年のピーク時で８・６％にのぼる*1（図５）。

旧西ドイツと旧東ドイツで比較すると、旧東ドイツでは全般的に空き家率が高く、２００２年に14・4％とピークに達し、その後減少に転じた。一方、旧西ドイツでは２０１０年以降に減少に転じた（図５）。

建築年代別に空き家率を見ると、古い住宅ほど空き家率が高いと言える（図６）。日本よりも築年数の長い住宅が多く中古住宅が活用されているドイツではあるが、それらがすべて活発に利用されているとは言えない。管理不十分で、設備の古さや暖房効率の低さといった問題を抱える住宅も多い。

また、床面積別に空き家率を見ると、狭い住宅ほど空き家率が高い（図7）。40平方メートル未満の住宅は、ベルリンや

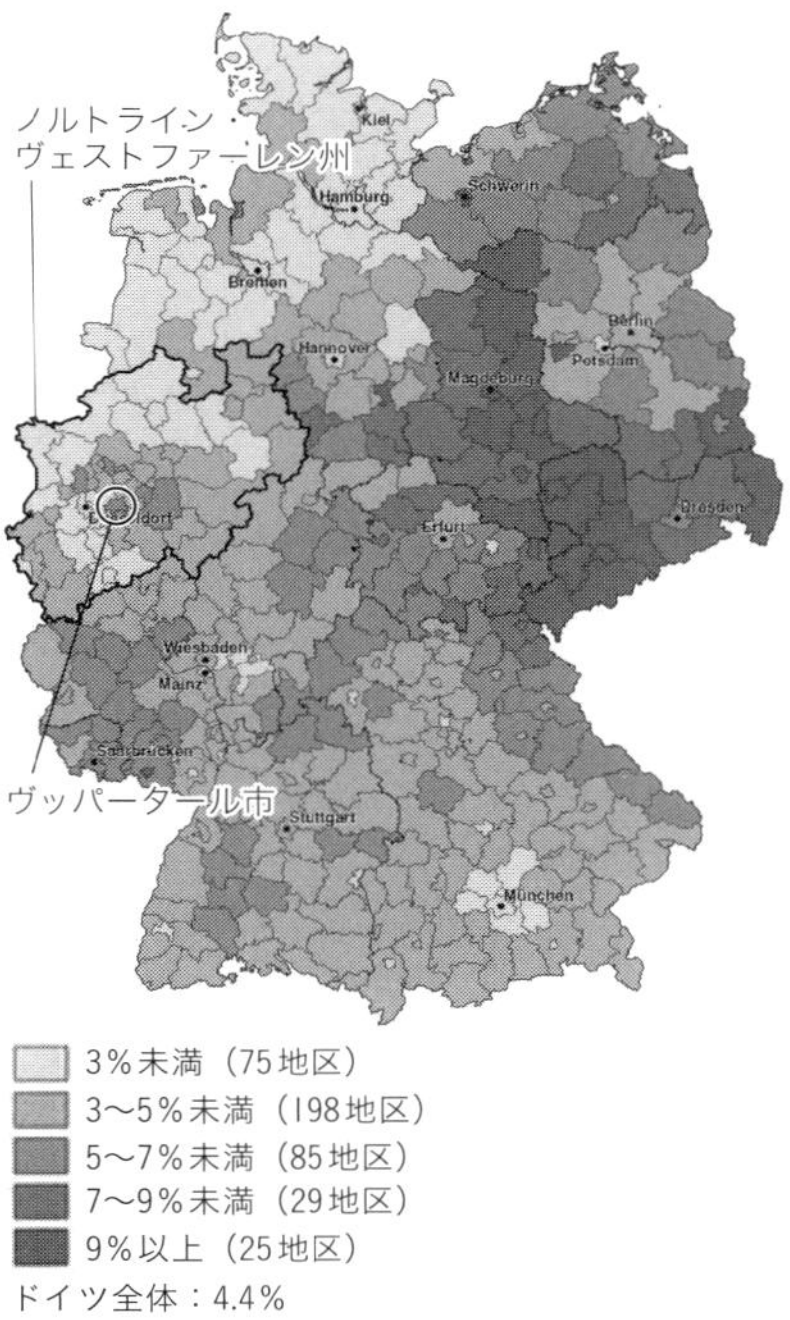

図8　ドイツ各地の空き家率（2011年）
（出典：Gebaude- und Wohnungsbestand in Deutschland：Gebaude- und Wohnungsbestand Erste Ergebnisse der Gebaude- und Wohnungszahlung 2011をもとに筆者加筆）

ハンブルクなどの大都市に比較的多く、第二次大戦後の住宅困窮時代に建設された住宅や旧東ドイツの住宅が多数を占める。質の悪い住宅も数多く、空き家として放置されることが多い。

空き家の多い旧東ドイツでは、古い住宅と小規模住宅が多く、持ち家率が低いという特徴がある。一方、旧西ドイツでは、大都市を除くと、床面積は広く持ち家率も高く、築70年を超える住宅割合も少ない。西と東の住宅格差、さらには経済格差が空き家の割合の多さに直結している（図8）。

3 連邦政府の放棄不動産対策——管理不全・利用不全・エリア再生

1 放棄不動産の定義と対策

連邦環境・自然保護・建設・原子力安全省では、空き家を「放棄不動産（Verwahrloste Immobilien）」と位置づけ、２０１４年にその問題を取りまとめて報告書を出している。[*2] ドイツでは、都市開発分野において「スクラップ不動産（Schrottimmobilien）」という言葉が政策上の問題や不動産投資の失敗という観点から一般的に使用されている。放棄不動産については、建物の利用や状態に関して、①都市開発目標や都市計画要件、住宅政策目標に適合していないこと、②危険状態にまでは至らないが、利用や管理などで住宅監視法（後述）や建設法典の不良や欠陥（後述）に該当するなどの問題を有するもの、③公的安全性や秩序に脅威を与え、危険防止から介入を必要とするものと定義されている。つまり、放棄不動産は管理面や利用面で問題のある不動産を広く対象としている。

表1　連邦政府の放棄不動産に関連する法制度

問題区分		対策	法制度
個別建物に関する対策	管理不全の問題	先買権の排除と回避	建設法典26条、27条
		措置について： ・建築命令(176条)、近代化命令・修繕命令(177条)、植栽命令(178条)、取り壊し・除去命令(179条)がある ・自治体は事前の聴聞、所有者や賃借人への助言、公的助成の助言 ・賃借人、利用者の上記の措置への受忍	建設法典175、176、177、178、179条
		近代化命令・修繕命令	建設法典177条
		取り壊し・除去命令	建設法典179条
		都市計画助成制度	建設法典164a条
		住宅の近代化の内容 近代化の内容、進め方、義務	民法555b条 WEG21、22、25条
		住宅の管理義務、共有財産管理義務	民法535条 WEG14、16条
		共有財産の管理組織、管理者の維持管理・修繕義務	WEG21、22、27条
		基本的考え方 ・財産権の保障 ・財産権は義務を伴う ・収用は公共の福祉にのみ許される	基本法14条
		代理人の選任（居場所不明、処理ができない者、法律適用範囲外の関係者等）	建設法典207条
	利用不全の問題	住宅の目的外利用の禁止	州法(住宅不正利用禁止法)
		土地利用規制に従った適正な利用	建設法典1、2、5、7、8、9条
		不良や欠陥のある住宅での居住に関する規制	州法(住宅監視法)の対応
	行政手続き	事実調査の命令 ・関係者の出頭、文書資料の提出 ・土地債務証書などの提出 ・従わない場合の戒告や罰則金	建設法典208条
		準備作業：措置の準備を行うための立ち入り、測量、地盤調査などの受忍	建設法典209条
		不動産の権利 ・合意による変更登記、権利の取り消し、土地登記簿の登録による権利の推定、土地の登録、土地登記簿の訂正土地の登記 ・地方裁判所（土地登記所）での土地登記簿の保管、土地登記の義務、相続人の決定、権利の確立	民法873、875、891、892、894条 土地登記法1、7、9、82、82a、83、118条
		行政代執行、即時強制	行政執行法
エリア再生に関する対策	秩序ある発展	地区詳細計画	建設法典9条
	都市再開発・改造	都市計画的都市再開発事業	建設法典136、165条
		都市改造	建設法典171a～d条
	地域再生	社会都市	建設法典171e条
		都市開発のための民間イニシアティブ	建設法典171f条
		都市・地区中心地活性化プログラム	（対象：建設法典142、165、171b、e、f、172、141条）
		小規模市町村ーローカル協力・ネットワーク	（対象：建設法典142、165、171b、e、172、141条）
		未来の都市みどりプログラム	—
	地域保全	建築物及び地域の特質保全	建設法典172条
		一般先買い権、特別先買い権	建設法典24、25条
	実現手段	建築命令、収用	建設法典176条、85条

ドイツの放棄不動産への対策としては、①個別建物に関するものと、②エリアに関するものの二つに大別できる（表1）。さらに、①個別建物については、(a)管理不全状態（建物の不良や欠陥などの状態による外部不経済や問題の発生）への対策、(b)利用不全状態（住宅の目的外利用、土地利用規制への不適合、住宅の不適切な利用）への対策の二つに分けられる。②エリアについては、放棄不動産の集中、老朽化や衰退、地域の環境悪化といったエリア全体が抱える問題に関する対策である。

2 個別建物に関する対策

(1) 管理義務と管理不全対策

ドイツでは所有権がまず土地に存在し、建物所有権は土地に付随するものとされており、集合住宅所有権と永続的居住権法（以下、WEG）に集合住宅の所有権が規定されている。民法において賃貸する建物について適切な状態で賃借人に賃貸することが義務づけられており、WEGで住宅所有者が住宅建物を適切な状態に維持する義務を負っていること、共有財産について維持修繕、管理、費用負担の義務があることが定められている。また、所有者の管理組織の設置や運営管理方法、管理者の維持管理や修繕、近代化に対する義務についても規定されている。

建物の管理不全の問題については、建物の状態に応じて2段階に区分して対策が講じられており、近代化や修繕で建物の不良や欠陥の状態が排除できる場合には「近代化命令・修繕命令」、できない場合には「取り壊し・除去命令」が出される。

⑵近代化命令・修繕命令

近代化命令・修繕命令とは、この命令を出すことによって建物の不良や欠陥を除去できる場合に、建物所有者に対して建物の近代化や修繕を命ずるものである。ただし、命令は都市計画上必要がある場合にのみ実行可能とされており、どこでも命令できるわけではない。

建物の近代化とは、省エネ・節水などの環境性能の向上と建物価値の向上のための修繕や改修を指しており、ドイツ民法典に規定がある。その内容は、①省エネ化や節水に関する近代化、②住宅の使用価値の増大や居住環境全般の向上、③構造的な改善や新たな住空間の創出などが挙げられている。

費用については、原則として所有者が負担する。その額は、近代化措置や修繕措置の実施後に建物を使用して継続的に得られる収益を考慮して算定される。なお、都市計画助成制度は、近代化や修繕の費用補助として利用することができる。

⑶取り壊し・除去命令

建設法典では、不良または欠陥状態にある建物で、近代化や修繕によって建物の不良や欠陥を排除できない場合に、市町村が土地登記簿に登記された者、または登記によって保全された権利を有する者に対して建物の全部または一部を取り壊すことを義務づけられることが規定されている。ただし、居住者が適切な代替空間を適切な条件で利用できる場合にのみ実施が可能である。

費用については、取り壊し・除去によって見込まれる利益まで所有者が負担しなければならない。

逆に除去によって不利益が発生した場合には、市町村が適切な補償を行わなければならず、また取り壊し・除去命令によって所有者が土地を維持することが経済的に期待できない場合には、市町村に土地の買い取りを請求できる。

⑷利用不全対策

州によっては住宅の不正利用禁止法などで住宅を住宅以外の用途に利用することが禁じられており、観光客向けの宿泊や商業などの他用途に使用することが制限されたり、さらに空き室・空き家として放置することも規制するケースが見られる。住宅が不足している市町村では、住宅の住宅外利用を許可を受けなければ認められない。適切な利用方法については、建設法典で建設基本計画、土地利用計画、地区詳細計画などの規定と適合させることなどが規定されている。さらに、不良や欠陥のある住宅における居住については、州ごとに住宅監視法（後述）で規制されている。

ドイツの市町村は、土地の売買に際して先買権を有することができる。先買権とは、所有者が第三者と売買契約をした場合、所有者は先買権者（市町村）に通知しなければならず、先買権者が先買権の行使を表明すると、先買権者との間に売買契約が成立するというものである。市町村の先買権が成立するのは、①地区詳細計画の指定や都市計画上の事業の目的に従った建築の利用がされておらず、かつ建物に不良や欠陥がある場合、②不良または欠陥がある建物を適切な期間内で除去できない場合の二つである。管理不全や利用不全があり適切な対応がされない状態で売買された場合に、その不適切な状態が続くことを防ぐことができる。

3 エリア再生に関する対策

大量の管理不全住宅が集中しているエリアや、地域的な問題が大きいために放棄不動産が多いエリアでは、エリアとしての課題解決が求められる。ドイツには、都市改造、都市計画的都市再開発事業、社会都市、都市開発のための民間イニシアティブ、都市・地区中心地活性化プログラム、小規模市町村―ローカル協力・ネットワーク、未来の都市みどりプログラムなど種々の地域再生プログラムがあり、これらのプログラムを特定地域に適用してエリアの再生を進めている。

(1)都市改造(Stadtumbau)

「都市改造」は、人口減少下で都市の縮退化が進むなかで、使われなくなった空き家や空き建物を減らすことで老朽化した市街地の価値を向上させることを目的としたプログラムである。空き建物・空き地が多く、環境が劣化した市街地の特定エリアを指定して、エリア内の不要建物の解体撤去や減築、老朽住宅の改修・近代化やコンバージョンを行い、空き家を減らすとともに住宅価値の向上を図る。併せて、公共施設の改善やコンバージョン、インフラの改善や適合化、オープンスペース・空き地の改善や再利用などを行い、市街地の環境を向上させる。

旧東ドイツ地域および西ドイツ地域それぞれに「東の都市改造」「西の都市改造」というプログラムが実施されていたが、2017年に一つに統合された。この二つのプログラムを合計して2017年末までに1081市町村で導入された(図9)。

旧東ドイツ地域では都市中心部の劣化が激しく、また巨大な集合住宅団地の空き家化が進み、安全上、衛生上の問題を抱えていた。「東の都市改造」は、これらの都市中心部と集合住宅団地を主要な対象地域として再生を行ってきた。建物を解体撤去し空き家率を減らすとともに、建物の近代化や建て替えを行い、若い世代のニーズに即した住宅に改変した。加えて、優れた既存住宅の保全や、公共空間やオープンスペースの充実、使用されていない公共施設や住宅をコンバージョンして福祉施設や教育施設を拡充することで、地域の魅力創出に貢献した。

一方、旧西ドイツ地域では、都市中心部、集合住宅団地、産業構造変換に伴い衰退した工業・商業・軍事地区が主要な対象地域であった。居住地や産業拠点の用途転換と再整備、空き地の再利用、

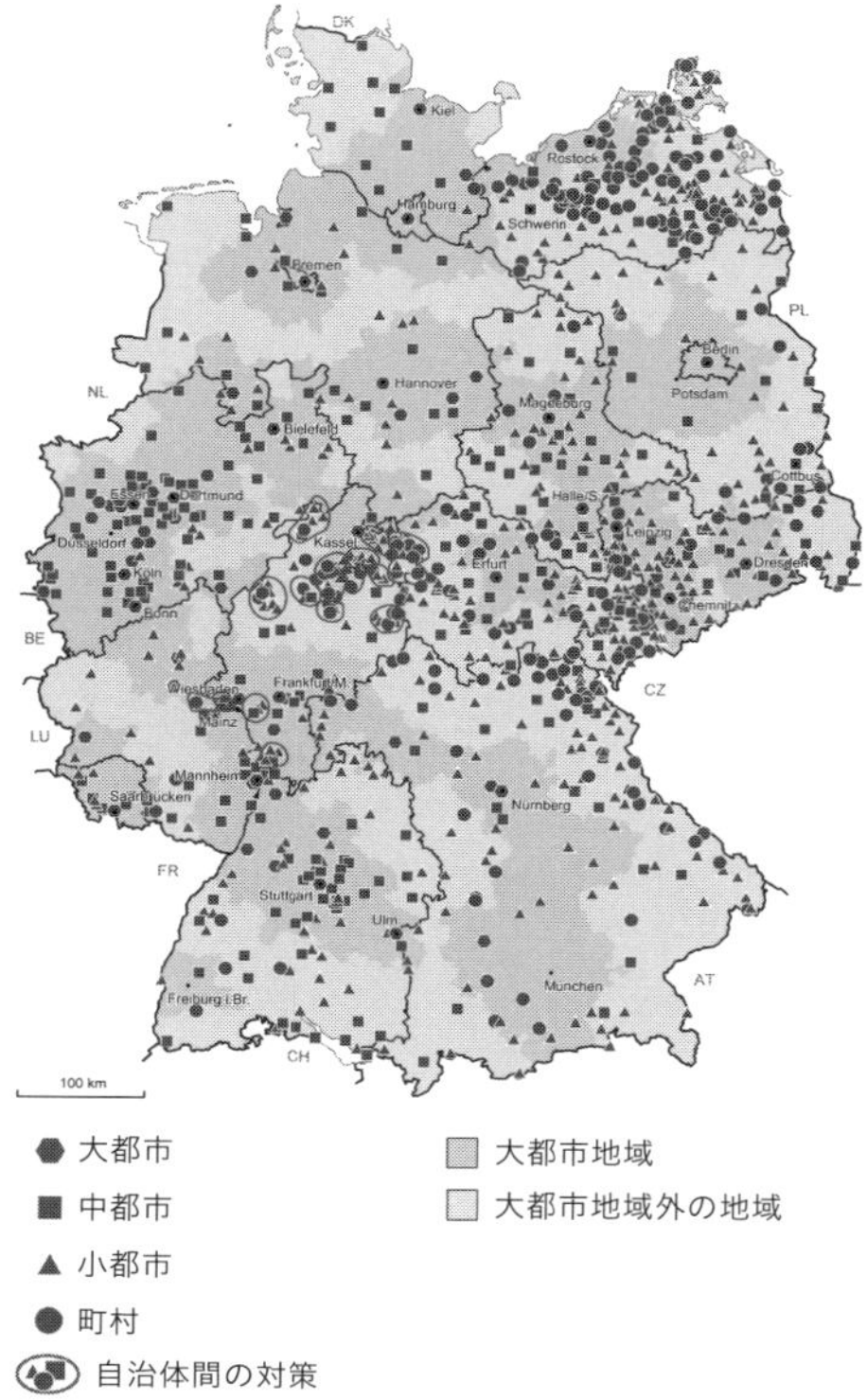

図 9　都市改造を実施した市町村(2016 年)
(出典：Städtebauförderungsdatenbank des BBSR Geometrische Grundlage)

集合住宅の解体と建て替え、既存ストックの改善や保全、公共空間の魅力づくりなどを進め、時代の変化に適合した持続可能な都市づくりが進められた。

このように都市改造は、主として高密度な都市空間を対象に、人口減少の進む地域の価値を向上させつつ空き家を減少させ、老朽化した市街地を魅力的に改造する点が重視されたプログラムである。住宅政策と都市計画を一体化して地域の問題解決と魅力づくりを行っている点に特徴がある。

(2)社会都市（Soziale Stadt）

「社会都市」[*3]は、老朽化したエリアの価値向上を目的としており、空き家や空き建物のリノベーションと併せて、環境面、社会面、経済面までを統合的に再生するプログラムである。特定の対象エリアを指定し、エリア内で多様な取り組みを実行する。２０１６年末までに４４１市町村７８３エリアで導入されてきた（図10）。

社会都市では、個々の空き家や老朽住宅の改修・活用・除却だけではなく、地域で問題のある公共空間を小規模に改善することで魅力を付加する整備も行われている。たとえば、歩道の改善やバリアフリー化、使われていない公園の再整備、ベンチの設置や街灯の整備、地域緑化などがある。

加えて、移民の言語対策や居場所づくり、移民を含めたコミュニティの強化、地域の犯罪防止活動、地域活動の活性化、教育や学校の強化、スポーツ・健康増進、地域の環境と交通の改善、失業者対策、商業活動の強化や新規ビジネスの支援、地区のイメージ改善などを図り、空き家や空き地を利用して、それらを相互に結びつけて地域を再生していくことを目標としている。

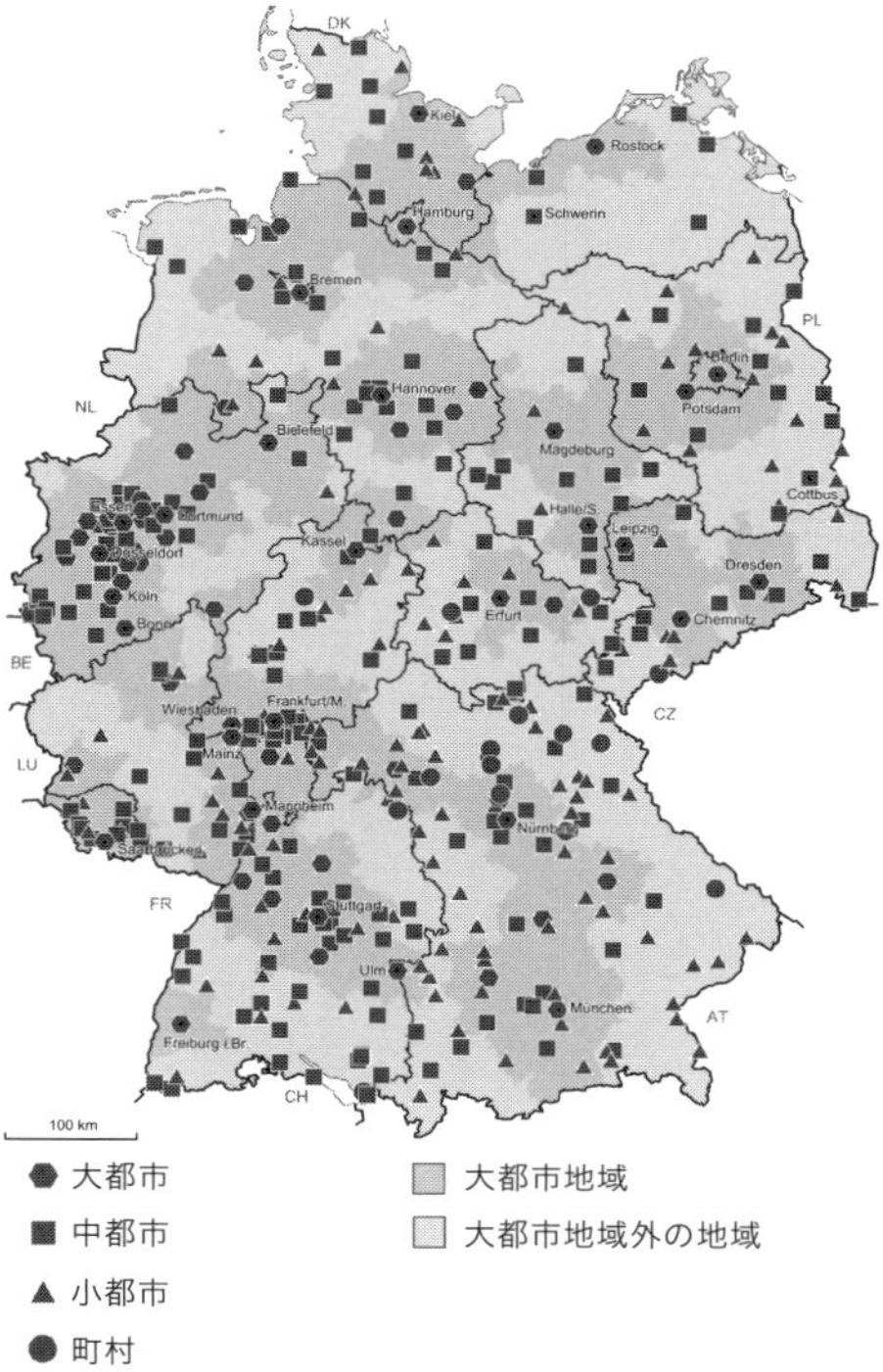

図 10　社会都市を実施した市町村（2016 年）
（出典：Städtebauförderungsdatenbank des BBSR Geometrische Grundlage）

これらの多様な活動を進めていくために、各エリアにはコミュニティ・マネジメント（Quartiers Management の意訳）の実施組織が設立され、地域の主体性や自己改善力を向上させる役割を果たしている。そこではマネージャーが全体のプロジェクト管理や行政をはじめとする各組織との連携を行い、その活動拠点としてエリア内にコミュニティ・ビューロー（事務局）を設置する。この方式は、都市改造やＢＩＤ（Business Improvement District）などでも導入されている。

このように、社会都市では、特定エリアをマネジメントする組織が中心となって、住宅政策、都市政策に加えて、移民政策、福祉政策、教育政策、地域経済対策までをも含めた総合的なまちづくりが進められているのである。

⑶都市開発のための民間イニシアティブ（Private Initiativen zur Stadtentwicklung）

「都市開発のための民間イニシアティブ」のプログラムとしては、「ＢＩＤ」や「ＨＩＤ（Housing Improvement District）」が挙げられるが、不動産所有者が費用の負担をして特定地区において環境改善を行うものである。ＢＩＤは商業地で空き店舗対策を含めて活性化対策を行い、商業環境の改善や経営・広報戦略、テナントマネジメントなどを一体的に実施し、地域の価値向上を図る方法であり、ＨＩＤは集合住宅地等で空き家を含めて環境整備や地域再生を行うプログラムである。

⑷都市・地区中心地活性化プログラム（Aktive Stadt- und Orsteilzentren）

このプログラムは、都市の中心部で衰退し空き建物が多数存在するエリアで、住み、働き、生活する機能を回復させることを目的としている。商業・業務・住宅・教育・文化・健康などの機能の発展と保全、道路や広場などの公共空間の強化、建物の改修や近代化、空き家・空き地・低未利用地の暫定利用や利用促進、オープンスペースの緑化やアップグレード、交通の改善などを行う。

⑸小規模市町村ーローカル協力・ネットワーク（Kleinere Städte und Gemeinden - überörtliche Zusammenarbeit und Netzwerke）

人口減少や高齢化が進む中小の市町村で、維持できなくなった公共施設や、増加する空き建物を再生させるプログラムである。市町村単独ではなく広域ネットワークを形成することで費用対効果の高い公共施設へと再編し、空き建物の転用やフレキシブルな多機能型住宅へのコンバージョンを行うことで、地域ニーズに対応させつつ公共サービスの持続性を向上させることを目的とする。

⑹未来の都市みどりプログラム（Zukunft Stadtgrün）

このプログラムは、公共空間や空き地、低利用の建物などを活用し、都市における質の高い緑化や生物多様性の確保、自然体験の場づくりを行うもので、インフラの改善や地域再生を進める際に一体的に実施することにより、老朽化しつつある地域を緑豊かで健康的な環境に改善する。

4 土地の所有者が不明になることを防ぐ登記

不動産登記については、民法と土地登記法に規定があり、登記によって権利の変更が成立する。土地登記は義務となっており、合意に基づいて土地登記簿で変更登記をしなければ権利が変動しない。権利の変更が問題化するのは遺産相続時であるが、相続人などが変更登記をしない場合は、土地登記所が相続人に対して訂正登記申請書の提出を義務づけることができる。また、土地登記所は、遺産相続人について遺言検認裁判所に決定することを要求できる。遺言検認裁判所は、土地が遺産相続の対象となった場合や、相続証明書の交付や相続契約を開示した場合に、相続や相続人に関する情報を土地登記所に通知しなければならない。さらに、登記内容が混乱していたり曖昧な場合、土地登記所はそれを正すことができ、相続が決定される。このように土地登記を義務化し、遺言検認裁判所と土地登記所が連携して情報の共有や相続に関する決定の要求と内容の是正を行うことで、土地の権利関係が不明確にならないように配慮している。

4 ノルトライン・ヴェストファーレン州の住宅監視法とローカルアライアンス

1 放棄不動産対策と住宅監視法

連邦国家であるドイツでは州や特別市でも法律が制定されており、放棄不動産対策に関する法制度を制定するのは州や特別市の役割でもある。州ごとに定められる住宅監視法は、住宅の最低限の水準を確保するための法律であり、放棄不動産対策の観点からも重要な法律である。現在、ノルトライン・ヴェストファーレン州、ヘッセン州、バイエルン州、バーデン・ビュッテンベルク州、ベルリン市、ブレーメン市などで制定されている。

この法律は、状態の悪い住宅に住むことを余儀なくされている貧困層の人々や移民の健康被害などを防止することと同時に、放棄不動産から地域環境を守ることを目的としている。特に適切な住宅を確保することが困難な移民が放棄不動産に数多く居住しており、放棄不動産が改善されない状況を引き起こす要因にもなっている。そこで、本法律では住宅の最低限の設備要件が規定され、適切な状態を維持し改修することが義務化されている。また、市町村は、必要な設備を備えておらず、その状態が改善されない住宅に対して「居住不適格」を宣言でき、宣言された住宅からは住民は退去しなければならないことが定められている。

2 住宅監視法による介入

放棄不動産が問題化しているノルトライン・ヴェストファーレン州では、産業の衰退により失業者が増加し、職を求めて人々が転出した地域が多い。そのような地域では、人口の流出に伴い家賃が下がり、住宅オーナーは改修費用を負担できず、管理不全の建物が放置されることになる。それにより周辺の環境やイメージがさらに悪化し不動産価格も下落するという悪循環に陥っている。

一方で、特に近年は放棄不動産に大家族の移民が移り住んでおり、放棄不動産を商売にするビジネスが出現し、放棄不動産によって生じる環境問題に加えて、不当なビジネスの横行と移民からの搾取、移民の健康や生活問題、地域社会問題が深刻化している。

このような背景から、ノルトライン・ヴェストファーレン州の住宅監視法は２０１４年4月に施行された。制定の目的は、①住民が尊厳を持って暮らせるように最低限の住環境を保護すること、②地域の生活環境を保護し、放棄不動産の負の影響から近隣を守ることとされている。

住宅の最低限の設備としては、自然の日あたりや通風、天候や湿気からの保護、エネルギー・水の供給、電気や照明、排水設備、暖房システム、キッチン、衛生設備、エレベーターや階段、バルコニーなどが挙げられており、これらの設備が機能的かつ使用可能でなければならないとする。

また、規模については、原則として居住者1人あたり9平方メートル以上、6才以下の子どもは6平方メートル以上とすることが定められており、規定に満たない場合は居住が禁じられている。

前述のように、最低限の設備を備えておらず、その状況が改善されないまま住民に重大な健康被害をもたらす場合、各市町村はその住居に対して居住不適格宣言を出すことができる。その際、住民は、適切な居住空間を合理的な条件で別途に利用できることを条件に、自治体が定める期間内に退去しなければならない。さらに、住宅監視法で居住不適格を宣言した住宅の所有者に最高で5万ユーロ（約650万円）の罰金が課される。この罰金は、市町村からの改善命令に所有者が自主的に従わない場合に課せられるため、迅速な対応を促す効果がある。

この住宅監視法は州内の各地域ですでに積極的に利用されており、2014年5月から2016年末までに合計6200回の介入が実施されている。現場では、各市町村の担当者が住民からの相談に対応し、所有者の放棄不動産の賃貸を監督しつつ、改善の注意や命令を行っている。

3 住宅ローカルアライアンス

ノルトライン・ヴェストファーレン州政府は、市町村向けに住宅政策実施に関するガイドライン[*4]（2016年）を作成している。このガイドラインで重視されているのは、①分野別目標と実現手段を関係者間で調整し設定すること、②住宅政策プロセスを全体で管理することである。

また、ガイドラインでは、「住宅ローカルアライアンス（Lokale Bündnisse für Wohnen）」を構築することが提唱されている。この「ローカルアライアンス」とは、住宅政策を策定するうえで行政と住宅事業者が協力することを指しており、さらに単なる協力にとどまらず共通の目標を認可することを指している。

1. コミュニケーション・プラットフォーム	住宅需要や空き家のデータ収集と行政や住宅市場関係者らが集まり意見交換
2. ディスカッション・プラットフォーム	データ分析や分類・予測と意見・情報共有
3. 投票プラットフォーム	共同目標や優先順位の意見交換と投票による決定
4. 戦略的アドバイス・プラットフォーム	優先政策や政策実現のためのアプローチに関する議論・決定
5. 実行プラットフォーム	共同の見解や目標・優先政策の実施
6. コントロール・プラットフォーム	モニタリングやプロセスに関する共同評価の実施

図11　住宅ローカルアライアンスのプラットフォームの設定
（出典：ノルトライン・ヴェストファーレン州（2016）Handlungskonzepte Wohnen – vom Beschreiben zum gemeinsamen Handeln Leitfaden für Kommunen をもとに筆者作成）

州政府では、住宅ローカルアライアンスの構築を求める理由として、地域によって異なる住宅の供給状況に対応するためとしている。人口が減少している地域では、建物の新築は空き家を増加させるため、対象者別に区分した住宅市場の適切な見通しや、建築行為の調整、空き家の分布や立地の継続的な観察といった取り組みが必要である。また、有効な手段であるアパートの合併や解体、コンバージョンに関しては計画的に進めることが求められる。その一方で、移民や難民などにより、住宅が不足している地域もある。そのような地域では、適切な住宅を必要な件数で整備しなければならない。いずれの場合も、関係事業者と情報や目標を共有することで取り組みを効率的に進めることが可能となると説明している。

州のガイドラインではアライアンスを6段階に区分し、行政と住宅事業者とが各段階で情報共有や意見交換を行い、その内容を確認して同意するというプロセスを設定している（図11）。戦略づくりから計画の実施、評価にいたる各段階で互いの意思を確認し、協調行動のルールづくりをするプロセスが示されている。また、アライアンスの関係者としては、自治体、住宅企業や業界団体・所有者などの住宅市場関係者、その他の関係者（建築家、銀行、社会福祉協会、社会・住宅問題の関連組織）、専門家が挙げられている。

なお、住宅政策に関するローカルアライアンスは、ドイツ各地で誕生している。連邦建築・都市・空間研究機構（BBSR）の報告書[*5]（2016年）によると、市町村アライアンスと地域アライアンスに区分して合計86のアライアンスを把握している。また、各自治体で最も実施されているアライアンスは、①住宅市場への協力や意見交換（74%）、②社会的支援や市町村住宅プロジェクトの優先順位などの計画や調整（67%）、③開発や質的・量的目標の調整・コンセプト作成（62%）である。

連邦政府がアライアンスに注目する理由はノルトライン・ヴェストファーレン州政府とは異なっている。近年、住宅の需要が急増し住宅価格が高騰した結果、中低価格の住宅が不足しており、中低所得者向けの良質な住宅建設や既存住宅の近代化が不十分となっている。特に大都市では、移民の増加などにより住宅不足が深刻化している。さらに、住宅のエネルギー効率や温室効果ガス削減への対応も必要である。これらの課題に取り組むために、連邦政府、州政府、自治体、住宅・建設会社、テナント協会、労働組合、社会問題団体が協力することを掲げ、2016年には「アフォーダブル住宅建設アライアンス」を設置した。連邦政府は、公共性の高い住宅政策の実現に向け、その政策策定プロセスに事業者や関係者が加わることにより多様な意見を反映し、政策を実施する事業者との協力関係を構築することを想定している。

一方、ノルトライン・ヴェストファーレン州のローカルアライアンスは、住宅市場を適切に管理するという目的を有しており、「参加型経済」の考え方を参考にしている。参加型経済とは、市民参加型の意思決定に基づく経済活動システムであり、分散型の計画経済と生産手段の共有制を伴う社会主義の一形態である。中央集権型の計画経済とも市場主義経済とも異なるもので、市場機能に基づく自由な経済活動の限界や矛盾に対する代替案として提示された考え方である。同州では、必要なタイプの住宅を必要な量で必要な地域に整備するために、行政と住宅事業者や関係者間で住宅政策の戦略やターゲット別の供給目標や手段を共有し、企業の経済活動である新築住宅の量的調整を行うことを想定している。

4 放棄不動産の再生モデルプロジェクト

ノルトライン・ヴェストファーレン州政府は、2017年に放棄不動産の再生モデルプロジェクトを立ち上げた。放棄不動産を買い上げ、除却するか改修して利用できるようにする事業であり、3300万ユーロ（約43億円）のファンドが用意された。放棄不動産により最も深刻な影響を受けている地域を対象としており、ドルトムント、デュースブルク、エッセン、ゲルゼンキルヘン、ハーゲン、ハム、ヘルネ、ヴッパータールの各市で実施され、併せてこれらの地域の社会的支援のために各市に25万ユーロ（約3300万円）を支給している。

5 ヴッパータール市のスクラップ不動産対策と住宅アクションプログラム

1 人口と空き家の現状

ヴッパータール市は、ノルトライン・ヴェストファーレン州に属する工業都市である。人口減少が著しく、1963年に42万3千人だった人口が2011年には34万3千人にまで減少している。ただし、その後減少がとまり、2016年12月時点では35万2千人に増加している。一方、65歳以上の高齢者率が21％と高齢化が進展しており、失業率が約12％と高い。さらに、市の財政状況が悪化しているため、州の特別援助プログラムを受けつつ、2012〜21年の10カ年計画に基づいて財政復興を進めているところである。

2011年のセンサスによると、市内の住戸総数は19万4千戸であり、そのうち空き家が1万1千戸を占めている。空き家率は5・7％で、ノルトライン・ヴェストファーレン州の都市ではレムシャイト市の6・4％に次いで高い。また、住宅の平均面積は79・4平方メートルと州の平均90・6平方メートルよりもかなり狭く、1949年以前建てられた住宅の割合は18・3％で、こちらは州の平均20・5％（2013年、マイクロセンサス）を下回っている。

2 スクラップ不動産・問題不動産対策

ヴッパータール市では、3年以上空き家として放置されている住宅や、市民から通報があった住宅について現地確認を行い、周辺環境に悪影響を与えているかを把握しており、それらを「スクラップ不動産」と「問題不動産（Problemimmobilien）」に区分している。市では「スクラップ不動産」を特に劣悪な状態のものとし、①老朽化した放棄不動産、②長期間の空き家、③根本的な改修か除却が必要なもの、④周辺環境に悪影響を及ぼしているものと定義している。一方、「問題不動産」は、①構造的な欠陥があるもの、②部分的か全体的に空き家となっているもので、専門家が判定する。市内には2014年時点で109件、2017年時点で165件の問題・スクラップ不動産（解決済みを含む）があり、すべて不動産ごとにカルテ化されデータベース化されている。

ヴッパータール市では、特に問題のあるスクラップ不動産を10件選定して集中的に問題解決にあたってきた。選定条件は、状態がひどいこと、立地上目立つ場所にあり景観に重大な問題を引き起こしていることである。近年は、特にワースト10に限らず他のスクラップ不動産についても解決できるものから解決するという姿勢に転換している。その理由には、ワースト10の所有者が市内に居住しておらず連絡がとれないことや、まったく協力しないこと、破産しているなどの理由で進展が難しいものが多いことが挙げられる。その結果、2013年から2017年までに65件のスクラップ不動産を除去してきた。しかし、これらの除却解体費用は、必ずしも所有者から徴収できているわけではなく、州やEUからの費用で補填している。

ヴッパータール市内のスクラップ不動産

スクラップ不動産への対応は、市の都市開発担当、建築法規担当、建設業務担当などの市職員と外部の不動産専門家などで構成されるスクラップ不動産対策ワーキンググループで行ってきた。ここで、個別不動産の対応や対策、進め方を協議している。そのうえで、その議論をもとに所有者と話し合い、所有者に問題を認識させ、解決のための支援等を行いつつ、建物の除却解体を進めてきた。

併せて、州の住宅監視法が２０１４年に施行されて以来、設備的にも構造的にも衛生的にも人間の居住環境として不適切な住宅を対象として、市では住民に対して問題を相談することを呼びかけてきた。その結果、３年間で５００件を超す住宅に関する苦情が寄せられた。

これらの苦情については市の住宅監視担当が対応し、まずは賃借人が欠陥箇所を所有者に報告することを義務づけている。その後改善されない場合には、市の住宅監視担当が該当住宅のチェックを行い、欠陥箇所について所有者に直ちに是正するように命令を行う。それでも改善しない場合には罰金を課して、さらに改善を命令する。この対応には速やかさが求められているが、苦情が寄せられてから決着するまで概ね半年程度の期間がかかっているのが現状である。

3 空き家の実態把握と住宅アクションプログラム

ヴッパータール市では、住宅政策を進めるうえで空き家の実態把握を重要な取り組みと位置づけており、電気の使用量から空き家件数を把握し、1年間で200キロワット時未満の世帯を抽出することで独自に調査を実施し(図12)、2007年、2015年に空き家分析報告書[*6]を作成している。この調査によると、2006年の空き家率が4%であったのに対して、2013年には空き家戸数1万2950戸、空き家率6・6%で、7年間で2・6%増加している。また、集合住宅の方が1戸建て・2戸建てよりも空き家率が2倍ほど高い。

ヴッパータール市では空き家の実態を把握したうえで、2009年に「ヴッパータール市住宅アクションプログラム」を策定した。

空き家に関しては、現時点で危機的状況には至っていないが、2025年には14%を超える見通しであるという認識を示したうえで、人口減少を前提として、そのような状況下で新築住宅を提供すべきか、新たに必要な住宅はどのようなものか、地域の魅力や生活環境の価値をどのように向上

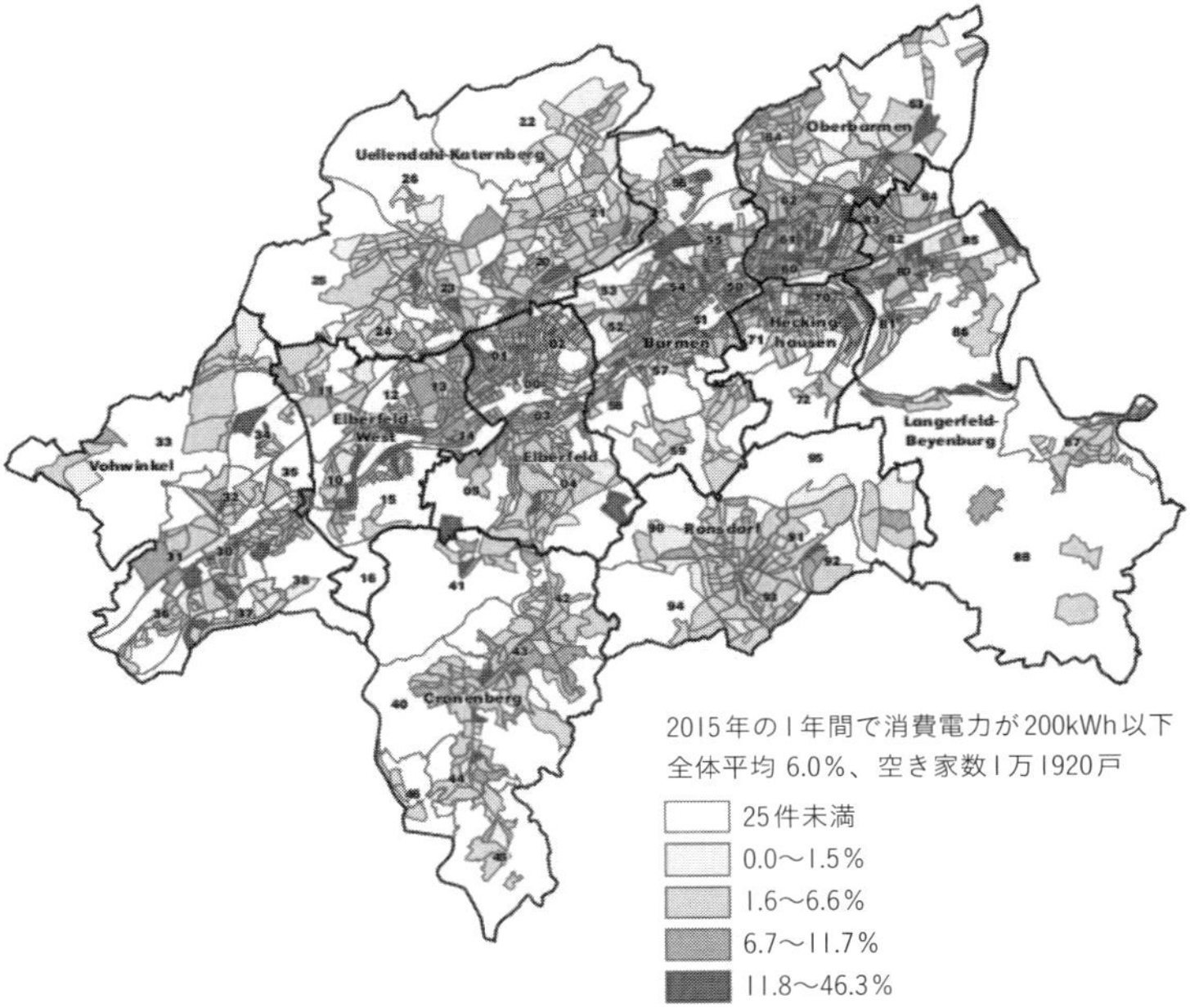

図12　ヴッパータール市街区別空き家率(2015年)(出典:ヴッパータール市資料(2016年)をもとに筆者加筆)

していくかといった戦略が検討されている。

　新築住宅の政策については、新築戸建ての件数は過去の推移から年間２００戸程度と見込まれているが、今後もこの程度の新築が必要であり、特に高品質の分譲住宅が必要であるとする。一方、集合住宅では空き家が多く、量的には新築は必要ないものの、若年層の世帯向け住宅や高品質の住宅を重点的に年間２００戸の供給が必要であると予測する。ニーズのある住宅としては、インフラが整備された利便性の高い地域での立地、高品質の独立型住宅や賃貸型コンドミニアム、もしくは庭付きの分

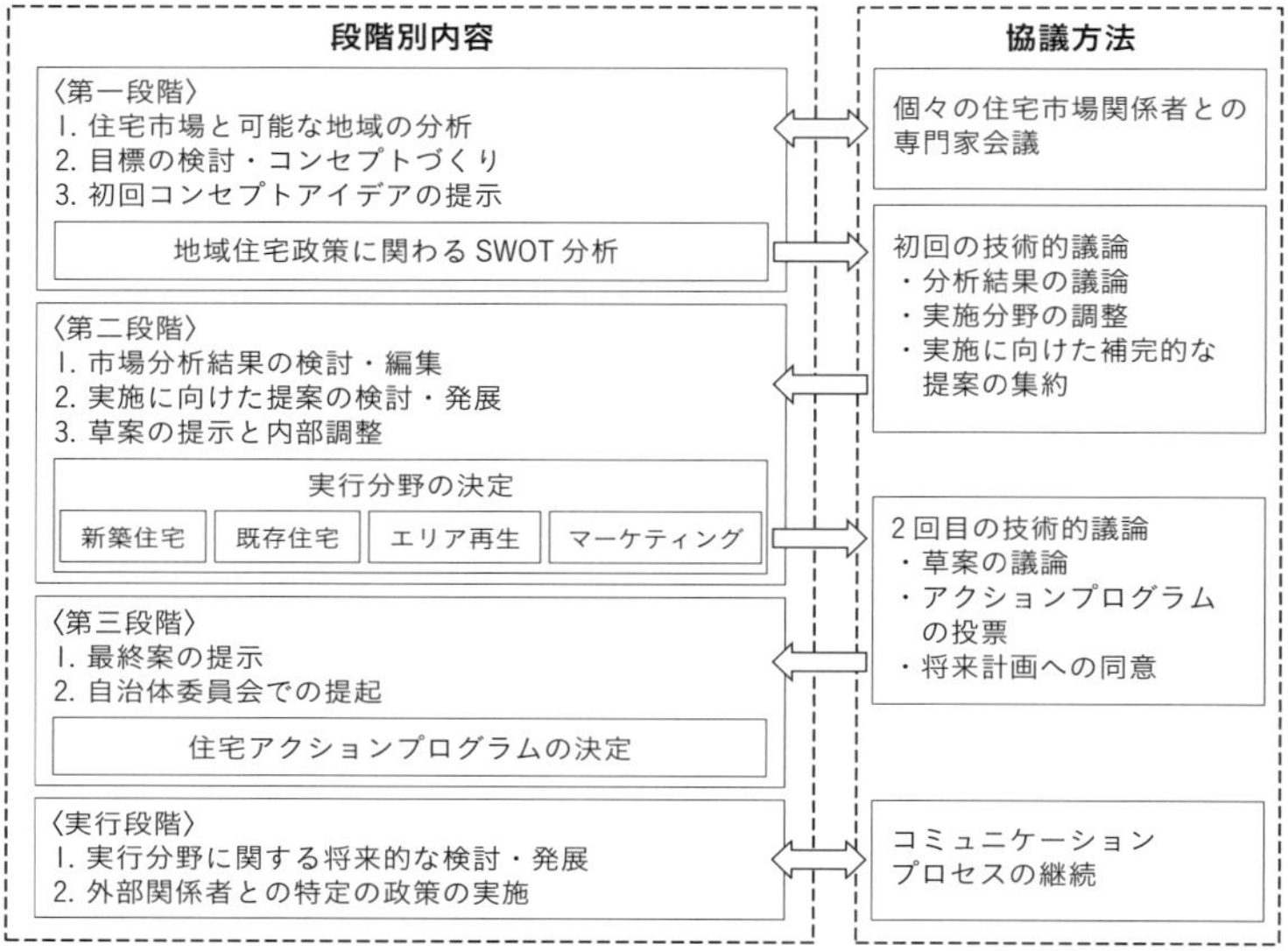

図 13　住宅アクションプログラムのプロセス（出典：ヴッパータール市資料をもとに筆者作成）

譲型郊外住宅が挙げられている。

また、既存住宅の政策では、①エネルギー効率を上げる改修を行うこと、②高齢化への対応としてバリアフリー化などによりアクセシビリティを高めること、③持続が難しい集合住宅等の解体や合併を進めることで量的な調整を行うことの三つが掲げられている。

さらにエリア再生プロジェクトとしては、西の都市改造と社会都市のプログラムにより地域の一体的な再整備を行い、地域が抱える問題を根本的に解決する戦略を進めていくことが示されている。特に空き家の多いエリアに関しては、都市改造計画と社会都市再生計画を作成し、建物の省エネ化や近代化、除却・解体、建て直しを推進していくとしている。

こうした各政策は誰が担うのか実施者を明確にし、行政の関与の仕方が示されている。これらの政策を進めるにあたって、自治体、住宅関連企業、開発事業者、利害関係者らが各検討段階で協議を行ったうえで、目標についての投票を行い同意を形成するプロセスがとられている（図13）。それにより、空き家の実態や住宅ニーズに関する情報を関係者間で共有しつつ土地所有者や民間企業と連携していくことが可能となり、官民共同で取り組みを推進していくことにつなげている。

6 学ぶべき早期解決とエリア型の再生

ドイツにおける空き家対策の取り組みを概観してきたが、最後に日本で参考になると思われる点を検討していきたい。

1 管理不全対策 ―早期に対応可能なしくみの設置

連邦政府は、建物の不良や欠陥の状態を2段階に区分し、「近代化命令や修繕命令」と「取り壊し・除去命令」の二つの対応方法を法制度化している。これらは、一定の条件の下で所有者に費用負担が義務づけられる。ここで、修繕などで十分に改善できる状態の住宅に対して修繕を命令できるしくみがあることが重要と考える。

日本では、修繕などにより正常化できる段階の住宅に強制的に修繕を命令できる法制度は整備されていない。したがって、空家等対策特別措置法で定義される「特定空家」に該当するような深刻な状態にならなければ、除去や修繕などを命令できず、立ち入り調査や行政代執行ができない。すなわち、所有者は特定空家に至るまで空き家を放置しておくことが可能である。その間に、所有者との連絡がつかなくなったり、所有者が不明になったり、住宅の利用価値が低下し解体撤去せざるをえなくなるなど、対応がより一層困難になる。

土地や建物に関する義務意識がドイツよりもはるかに薄く、所有者不明土地などの問題も多い日本では、空き家問題の解決にはさらに多くの時間と労力がかかることになる。ドイツでは2段階制になっているが、日本でも段階別の対応を検討し、特定空家になる前の早い段階で強制的な対策がとれるようにすることが重要である。

2 利用不全対策 ―地域課題と連携した包括的な取り組み

ドイツの一部の州では、住宅監視法に基づいて居住不適格宣言を出したり、所有者に対して修繕や近代化などの命令や罰金の徴収ができる。このような強力な法律が制定されたのは、移民や貧困層の社会問題と、放棄不動産による地域環境の悪化の問題を総合的に解決するためである。

空き家の問題を地域の環境問題や社会問題と結びつけて包括的に解決する取り組みは、日本でも重要と考える。たとえば、高齢者に対する福祉サービスと連携することで、住宅の管理が不十分な高齢者に対して住宅管理に関する情報提供やアドバイスを行うことは、管理不全住宅発生の未然防止につながる。また、日本では、建物の損傷やゴミの散乱など居住者はいるものの管理状態に問題のある住宅が、管理状態のよい空き家よりも地域環境に悪影響を及ぼしている事例も見受けられる。地域からの孤立といった問題を含んでいることもあり、社会福祉的問題と連携しながら取り組みを進めていくことが求められるだろう。

3 エリア再生策 ―既成市街地の特定エリアの持続性を高める

ドイツのエリア再生プログラムは、インフラは整備されているにもかかわらず空き家が多く老朽化した市街地を対象としている。これらは、①新たにインフラを整備する必要がないこと、②空き家の多い地域の中でも重点的に実施するエリアを定めて再生するという特徴がある。

日本でも、空き家が特に問題視される地域は、ドイツと同様にインフラが整備されているにもかかわらず活用されずに放置されている地域が多い。その一方で、人口減少が進行しているにもかかわらず、市街化調整区域やインフラが不十分な地域が宅地化されるという状況には問題がある。

日本の空き家対策では、住宅を個別にリノベーションあるいはコンバージョンすることで利活用する手法が主体となっているのが現状である。しかしながら、個別に改修しても地域の価値までは向上せず、新たな居住者にとって魅力的な居住地とはなりにくい。それゆえ、子育て世代は新しく開発された住宅地や利便性の高い住宅地を選択することになる。結果的に既成市街地の空き家の増加が進んでいくことにつながる。

日本では新たな施設整備を行うエリア型の整備手法は数多く見られるが、補修や改修によって市街地をバージョンアップしていく再生手法はまだ少ない。インフラ整備が完了している既成市街地では、エリアの持続性を向上させるために、ハード面とソフト面の取り組みを総合的に推進し、将来のニーズを見据えてエリアとしての再生を進めることが必要である。

そのための方法として、立地適正化計画と連動させ、都市機能誘導区域や居住誘導区域での効果的な再生が求められる。特にコミュニティを強化し、地域の自主的な改善力を向上させ、行政や民間と協力しつつ再生を進めていくドイツのコミュニティ・マネジメントは大変参考になる。エリア型のトータルな再生を進めるためには、住宅政策に加えて、都市計画や都市政策、環境政策、福祉政策、教育政策などを連携させて地域全体として課題解決を行う必要がある。そのため、関連の担当部署間で連携するしくみを構築することが必要である。

4 ローカルアライアンスの構築 ―公民連携のプラットフォーム

国民の新築志向が強い日本では、2015年に内閣府により実施された住生活に関する世論調査でも新築1戸建ての希望者が63％に達しているのに対して、中古住宅の希望者は約1割と少ない。このような状況下にある日本で、これからの住宅政策はどうあるべきだろうか。

そのヒントが、ドイツのローカルアライアンスにあるのではないだろうか。住宅市場の分析や予測、住宅政策に関わる目標や計画について、関係者で意見交換や情報共有を行うことには意義がある。地域の住宅市場を予測し共有することは、関係者の判断をより合理性の高い判断へと変える効果があるだろう。強制力を持たなくても企業の経営判断や土地所有者らの行動判断の基準となり、一定の成果が期待できる。

また、一般の土地・住宅所有者らの参加を促すことにより、地域の住宅事情や空き家状況、今後の方向性や行政計画等を土地・住宅所有者らが知ることができ、行政は土地・住宅所有者らの直面する多様な問題を知ることができる。行政、事業者、土地・住宅所有者、関係団体などで情報共有や意見交換をすれば、空き家への問題意識も高まると思われる。まずはそのようなプラットフォームを設定していくことが適切ではないだろうか。

※本稿の一部は公益財団法人日本都市センターの研究費で実施したドイツのインタビュー調査（２０１５年３月）の成果を活用している。

注

＊1　センサス２０１１の空き家率との乖離があるが、先に述べたように分類や調査方法が異なるためである。

＊2　Bundesministerium für Umwelt, Naturschutz, Bau und Reaktorsicherheit (2014) Verwahrloste Immobilien Leitfaden zum Einsatz von Rechtsinstrumenten beim Umgang mit verwahrlosten Immobilien –Schrottimmobilien

＊3　室田昌子（２０１０）『ドイツの地域再生戦略　コミュニティマネージメント』に社会都市のしくみや事例を紹介している。

＊4　Ministerium für Bauen, Wohnen, Stadtentwicklung und Verkehr des Landes Nordrhein-Westfalen (2016) Handlungskonzepte Wohnen -vom Beschreiben zum gemeinsamen Handeln Leitfaden für Kommunen

＊5　BBSR (2016) Lokale Bundnisse für bezahlbares Wohnen und Bauen in ausgewä hlten Handlungsfeldern

＊6　Stadt Wuppertal (2007) Wohnungsleerstandsanalyse 2007, Stadt Wuppertal (2015) Wohnungsleerstandsanalyse 2015

参考文献

・BBSR（2016）Lokale Bundnisse für bezahlbares Wohnen und Bauen in ausgewa hlten Handlungsfeldern
・Ministerium für Bauen, Wohnen, Stadtentwicklung und Verkehrdes Landes Nordrhein-Westfalen（2015）Leitfaden zum Wohnungsaufsichtsgesetzm
・Stadt Wuppertal（2015）Wohnungsleerstandsanalyse 2015
・Statistisches Bundesamt（2013）Zensus 2011 Gebaeude und Wohnungen Bundesrepublik Deutschland 2011
・石川義憲（２０１８）「ドイツの空き家問題をめぐる状況」『ドイツの空き家問題と都市・住宅政策』日本都市センター
・太田尚孝（２０１８）「ハンブルク市のＨＩＤを活用した大規模集合団地の再生の試み」『ドイツの空き家問題と都市・住宅政策』日本都市センター
・太田尚孝、大村謙二郎（２０１４）「再統一後のドイツにおける都市再生プログラム推進のための支援制度に関する基礎的研究　都市計画助成制度 Stadtebauforderung に注目して」『都市計画論文集』49巻２号
・大村謙二郎（２０１３）「ドイツにおける縮小対応型都市計画─団地再生を中心に」『土地総合研究』21（１）、土地総合研究所
・小西飛鳥（２０１７）「ドイツ法における土地の相続手続きについて」『土地総合研究』２０１７年春号
・室田昌子（２０１０）『ドイツの地域再生戦略　コミュニティマネージメント』学芸出版社
・室田昌子（２０１４）「大都市及び郊外地域における空き家問題と活用方策の提案」『日本不動産学会誌』第28巻第３号
・室田昌子（２０１５）「大都市圏、及び郊外型都市における空き家問題と対策」『都市自治体と空き家─課題・対策・展望』日本都市センター
・室田昌子（２０１５）「ドイツの空き家実態と空き家対策」『都市とガバナンス』vol.24、日本都市センター
・室田昌子（２０１７）「大規模商業施設施設等の競争力強化手段としての地域商業地におけるＢＩＤの活用可能性 ─ドイツ・ハンブルク市での試みをもとにして」『日本建築学会計画系論文集』82（７３１）
・室田昌子（２０１８）「ドイツにおける空き店舗対策 ─ＢＩＤ（Business Improvement District）に着目して」『ドイツの空き家問題と都市・住宅政策』日本都市センター
・室田昌子（２０１８）「ドイツにおける空き家政策」『ドイツの空き家問題と都市・住宅政策』日本都市センター

4

フランス
多彩な政策と公民連携による空き家リサイクル

小柳春一郎

1 住宅市場と空き家の現状

1 フランスの経済・人口状況

フランスの人口およびドル建て名目GDPは、日本の人口およびドル建て名目GDPのほぼ半分であり、日本とフランスの1人あたり名目GDPはほぼ同一水準にある（表1）。相違として、フランスでは移民もあり、毎年20万人以上人口が増加しているが、日本では毎年30万人以上の人口減少が見込まれる。失業率は、日本に比べフランスが相当に高い。平均寿命は、フランスも日本もOECD中での最高水準に位置している。

フランスの人口移動には、長い間、農業中心の地中海沿岸等南部・西部から産業化が早く進行した北部・東部への流れがあった。ところが、最近では、その流れが逆転している（図1）。というのも、北部・東部の諸都市の鉄鋼、繊維産業などは、海外との競争のため近年は衰退傾向にあるのに対し、温暖な地中海沿岸等は、観光産業が盛んであり、航空機・ハイテクなどの新産業も勃興している。この結果、北部・東部から南部への人口移動が起こっている。さらに、都市の中心部から郊外への人口移動もある。[*1]

2 住宅市場の推移と空き家の状況

フランス国立統計経済研究所の統計[*2]によると、2016年1月1日現在、フランスの住宅総数は、約3542万戸（前年比1%増加）である（表2）。内訳は、戸建て1992万戸、集合住宅1549万戸である。空き家は293万戸（住宅総数の8・3%、前年比3・8%増）である。空き家の内訳は、戸建て142万戸（戸建て総数の7・1%）、集合住宅150万戸（集合住宅総数の9・7%）である。

表1　フランスと日本の基礎的経済社会統計（2016年）

	フランス	日本
人口	6600万人 前年比30万人増	1億2600万人 前年比30万人減
出生者数	74.5万人	97.6万人
死亡者数	58.2万人	130.7万人
GDP	2兆4650億ドル	4兆9470億ドル
1人あたりGDP	36826ドル	38968ドル
GDP成長率	1.2%	0.9%
失業率	9.9%	3.1%
平均寿命（女性）	85歳（2015年）	87歳（2015年）
1住宅あたり人口	1.89人（2015年）	2.10人（2013年）

注：数字は、注記がない限り2016年のもの。
（出典：総務省統計局（2018）『世界の統計2018』）

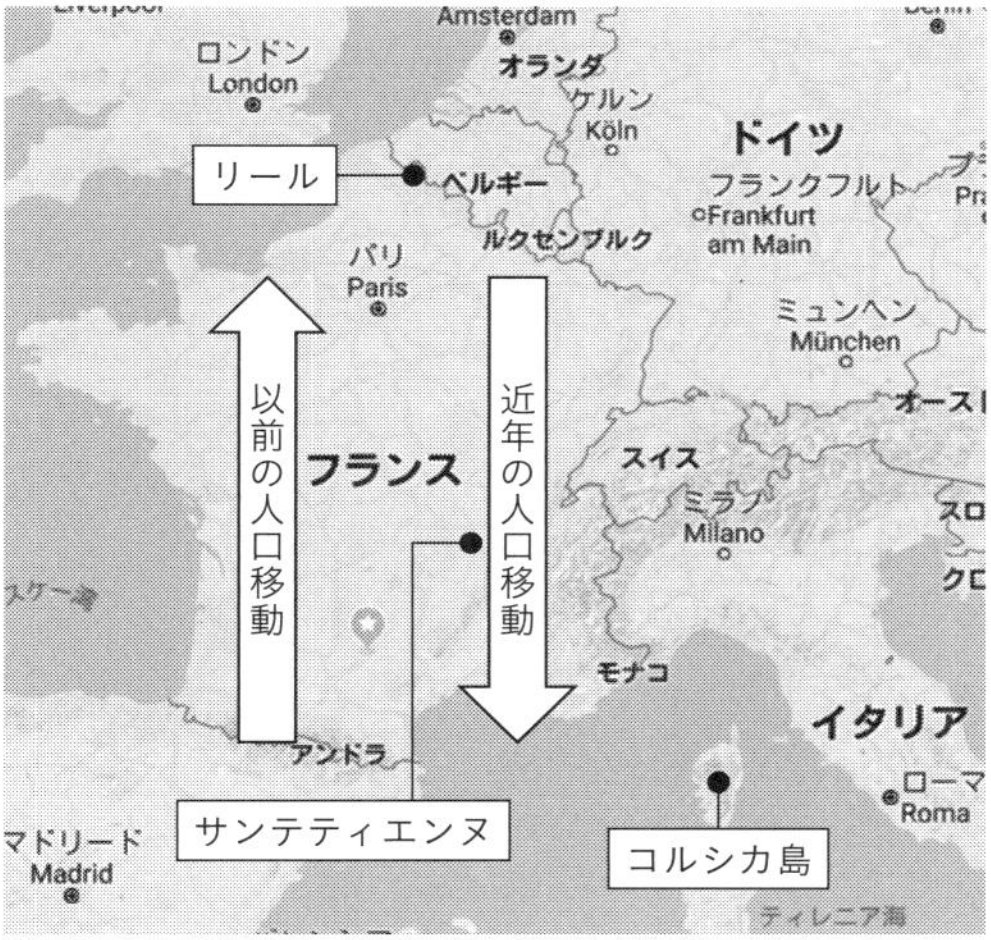

図1　フランスの人口移動の変化

表2　フランスの住宅・空き家・人口の推移

		2005年	2010年	2015年	2016年	前年比増加率
主たる住居［万戸］		2635	2778	2896	2917	0.9%
	戸建て	1494	1583	1648	1659	0.9%
	集合住宅	1141	1195	1247	1257	0.9%
空き家［万戸］		199	238	284	293	3.8%
	戸建て	94	114	138	142	3.9%
	集合住宅	104	124	146	150	3.7%
二次的住宅［万戸］		304	313	329	331	0.7%
住宅総数［万戸］		3139	3331	3509	3542	1.1%
	戸建て	1776	1884	1976	1992	1.0%
	集合住宅	1362	1446	1533	1549	1.2%
人口［万人］		6273	6461	6645	6672	0.4%
空き家率［%］		6.3	7.1	8.0	8.3	

（出典：Tableaux de l'économie française, Édition 2017, Logement　https://www.insee.fr/fr/statistiques/2569372?sommaire=2587886#titre-bloc-3）

この統計（フランス本土で2万7千ほどの調査）は、空き家を「売却・賃貸の広告中、買主・賃借人が未居住、相続処理待ち、事業者が将来の従業員のため留保中、特に用途なく所有者が放置（老朽化住宅など）している居住者のいない住宅」と定義している。この定義は、別荘などの二次的住宅を別項目とし、空き家に含めない。フランスの別荘数は、2016年には331万戸に達し、この定義によるフランス空き家総数を上回る。フランスの住宅総数は、ほぼ年1%のペースで増加している。空き家率は、2005年の6・3%から2010年7・1%、2015年8・0%、2016年8・3%と増加を続けている（表2）。

「2010年版住宅白書」（フランス）の巻頭言として、当時のセシル・デュフロー国土平等・住宅大臣は、「今日、わが国において、300万人以上の人々が住宅を保有せず（住宅困難の状況にあるという意味、筆者注）、1000万人近くの人々が質の低い居住環境に甘んじている。１７０万世帯の人々が（日本の公営住宅に相当する、筆者注）社会住宅の空きを待っている。民間賃貸住宅の賃借人のうち、５人に１人が収入の40％以上を家賃に充てている」と述べた。[*3]

フランスの住宅価格・家賃について、次の指摘もある。[*4] ２０００年から２０１０年までの中古住宅取引価格は2倍強となり（一方、同期間に家賃は29％上昇し、これは家計の可処分所得の増加とほぼ同じ割合とされる）、特に、１９９９年から２００７年までは年５％を超える値上がりを記録し、２００４年と２００５年は15％強値上がりしている。２００９年には、（アメリカを中心としたリーマンショックの影響を受けて）若干下落したものの、２０１０年、２０１１年はそれぞれ５・１％、５・９％の上昇を記録した。上昇率が高いのはイル・ド・フランス地域（パリ周辺）の集合住宅である。

こうした住宅の値上がり傾向は、基本的には現在まで継続している。この結果、パリの集合住宅は1平方メートル単価で1万ユーロ（約１３０万円）を超えるのが普通であり、専有部分面積80平方メートルの集合住宅であれば、日本円で1億円以上の価格のものが多い。パリをはじめとする大都市周辺では住宅を所有するか否かで格差が生まれている。なお、フランス全体の持ち家率（主たる住居の居住者が所有者である率）は約60％（日本と同水準）で、ヨーロッパで中位に属する。

３　所有者不明土地問題への対応

日本で問題になっている所有者不明土地については、コルシカ島（地中海にあるナポレオンの生地、図1参照）の例外を別とすると、フランス本土では大きな問題とされていない。[*5] フランスでは、２０１

7年に相続登記未了対策新法が制定されたが、新法はコルシカ島だけに適用されている。

コルシカ島では、土地面積の3分の1以上について、数次（複数）世代にわたる相続登記未了がある。この結果、100年以上前に死亡した者の所有名義が登記上に残され、日本の固定資産税に相当する既建築不動産税および未建築不動産税の「死亡者課税」が行われている。また、不動産が多数の関係者の共有になっている場合が相当数あり、そのままでは相続人が不動産を処分することも難しい。このため、2017年相続登記未了対策新法は、共同相続人の1人が不動産を占有している場合に、その者への単独所有化を促進する制度として、政府関連機関が書類作成を支援するなどして、取得時効を容易化する制度を規定した。また、共有不動産の処分について、全員一致でない場合でも可能になるようにしている。

フランス全土では、所有者不明土地問題が深刻ではない理由として、相続開始後10カ月以内の相続登記義務（ただし、登記未了でも罰則はない）および登記専門家である公証人の活躍がある。特に、公証人は、相続人資格・相続税務申告・相続登記のワンストップ・サービスを展開している。コルシカ島では相続税について特殊な制度が存在したことが、相続登記未了が多い原因として指摘される。

なお、コルシカ島以外でも、都市整備の過程で所有者不明土地が問題をもたらす場合もある。たとえば、2017年9月28日に、フランス元老院（上院）で、マリフランソワズ・ペロルドュモン議員が、「相続人特定の困難や不動産相続放棄によって、多くの市町村が空き地・空き家――しかも中心市街地にある空き地・空き家に苦しめられている」と述べ、政府の対応を求めた。内務・海外領土・自治体大臣の回答は、所有者不明土地については、明白放置財産収用制度や無主財産市町村帰属制度（いずれも後述）があるとしつつ、「両手続きはあまり使われていない。それは使い勝手に問題があるからである」と述べ、改善を検討中であること、また建物除却費用については住宅改善全国機関（ANAH）の支援手続きが利用可能であることを指摘している。*6

フランスで相続登記がなされない場合として、筆者は、都市整備関係者から次の説明を聞いた。第一は、不動産が高価な場合である。この場合は公証人報酬を含めた登記関連費用が高額化する。フランスでは、当事者本人による登記申請が許されず、相続登記でも公証人に依頼する必要があるが、相続人は費用負担を嫌い、公証人に依頼せず、結果として相続登記未了になる。第二は、不動産の価値が低い場合である。この場合、相続人自身が、不動産の売却可能性が低いことから、余計な費用負担を嫌うことがあるのみならず、公証人による「書類の選り好み」が指摘されている。公証人は、相続登記に伴う手間の割に十分な報酬が得られないと考えると、相続人に相続登記手続きについて積極的には勧めないことがあるというのである。

2 住宅不足を解消する空き家対策

フランスは、国土全体では人口が増加し、大都市では住宅不足が顕著であり、空き家を住宅市場に出すことが重要だと考えられている。そのため、空き家への課税、徴発などの種々の対策が積み

表3　フランスの空き家問題を考える二つの軸

	居住している	居住していない
建物の管理が適正	①人が居住し、建物の管理が適正	②人が居住しておらず、建物の管理が適正
建物の管理が不適正	③人が居住し、建物の管理が不適正	④人が居住しておらず、建物の管理が不適正

重ねられてきた。さらに、管理が不十分な建物には、空き家でない場合にも公権力が介入してきた。

フランスでは、空き家政策として多様な手段がある。空き家税は、居住可能な空き家の所有者への課税である。徴発は、居住可能な空き家についての強制的手法による利用権設定である。一時的住宅契約は、居住可能な空き家について、契約的手法で利用権設定を行うものである。これらに加え、所有者が特定できるがその所有者が不動産を放棄していると認定して公共団体が取得する明白放置財産収用制度や、一定の要件で不動産が無主であると判定して公共団体に所有権を帰属させる無主財産市町村帰属制度もある。以上に加えて、空き家か否かにかかわらない建物管理不全対策として、崩壊危険建物制度、衛生危険建物制度も整備されている。*7

フランスの空き家に対する以上の政策・制度は、居住の有無、建物の適正な管理の有無の二つの軸で整理できる（表3）。

表3の①は、人が居住し、建物の管理が適正な場合であり、行政の介入を必要としない。

②は、人が居住しておらず、建物の管理が適正な場合である。所有者が値上がり待ちなどで意図的に空き家にする場合がこの典型である。この場合は、所

有者に対し種々の形で圧力や制裁を加えて空き家を住宅市場に出させることが考えられる。徴発や空き家税は、そうした狙いの制度である。後に述べる一時的住宅契約は、契約的手法で空き家解消を行うものである。

③は、人が居住しているが、荒廃等で建物の管理が不適正な場合である。こうした建物には、公的介入が要請される。公的介入の理由は、現在の居住者の安全の確保と隣家・道路での損害発生の防止である。介入の一環として、住宅改良工事のために現に住宅を利用している居住者（所有者のことも、賃借人のこともありうる）への明け渡し命令等で一時的に空き家にすることもありうる。後に述べる管理不全建物対策はこの場合に使われる。

④は、人が居住しておらず、建物の管理が不適正な場合である。日本の空家等対策特別措置法で言えば、「特定空家」に近いものである。空き家は、建物の荒廃が進みやすく、④が実際の空き家の相当部分を占めると考えられる。この場合、近隣への悪影響もありうるが、このような住宅を再び市場に出すには相当の投資が必要な場合が多い。空き家税や徴発は、この場合有効ではない。管理不全建物対策は、この場合に使えるが、建物所有権の所在すら明らかでない場合もある。後述する明白放置財産収用制度や無主財産市町村帰属制度は、この場合の対応である。

1 空き家税

空き家税は1998年改正による租税一般法典で規定されており、所有者が値上がり待ちなどの

表4　既建築不動産税・住居税・空き家税

	既建築不動産税	住居税	空き家税
所有者居住	所有者に課税	所有者兼居住者に課税	非課税
賃借人居住		賃借人に課税	
空き家		非課税	一部の空き家に課税

ために意図的に居住可能な住宅を空き家のままとした場合に、市町村により所有者に課される。[*8]

空き家税は、地方税体系の中で新しい税である。フランスの地方税は、住居税、既建築不動産税、未建築不動産税、地域経済税（商業者に課せられる税）が四大税であり、いずれも、課税標準は、一種の不動産評価額である地籍台帳記載賃貸価格である。[*9]そのうち住居税は、基礎自治体であるコミューン（commune、市町村）と、複数市町村が共同で事務を行う市町村連合の税収となる。納税義務者は、住居の占有者であり、所有者居住の場合は所有者であり、賃借人居住の場合は（所有者ではなく）賃借人である（表4）。これに対し、（日本の固定資産税に相当する）既建築不動産税および未建築不動産税は、不動産の所有者が納税義務者である。これらの税の税率は、市町村で異なる。パリ市の２０１６年の税率は、住居税13・38％、既建築不動産税８・37％、未建築不動産税16・67％であった。[*10]

住宅が空き家の場合、土地建物の所有者には既建築不動産税の課税があるが、住居税は住居を占有する者がいないため課税されない。これが空き家を増やす原因になるとして、一定の空き家の所有者に課税する空き家税が設けられた。

空き家税には地域的限定がある。１９９８年の制度創設時点ではパリ、リヨン、リールなど８都市圏での課税であったが、２０１３年改正によって適用が拡大され、現在は、28都市圏で実施されている。

空き家税の課税対象は、その年の1月1日の時点で過去1年間居住者のいなかった住宅であり、戸建て住宅も集合住宅も対象になるが、商業用建物は対象外である。しかも、居住用空き家のすべてが課税対象なのではない。非課税の場合として、第一に、別荘がある（別荘の占有者に住居税を課税）。第二に、過去1年間に少なくとも90日以上の居住があった場合がある。第三に、所有者の意図に反して空き家となった場合、具体的には市場賃料で賃貸募集中だが賃借人がつかない場合もある。この場合は、既建築不動産税の減額すらある。第四に、建物が荒廃し住宅として使用できない場合も、非課税である。この点は、日本の「特定空家」に対する課税強化策が土地を対象とすること、土地の上の建物の水準が低い場合を中心にすることと異なる。

空き家税の税率は、２０１３年の課税強化により、1年目は地籍台帳記載賃貸価格の12・5%、2年目以降は25%である。なお、２００６年法律８７２号国家住宅約束法によって空き家税が実施されていない市町村のために空き家住居税が創設された。これは、2年間居住者のいなかった空き家に課税するものであり、空き家税と同様の非課税措置がある。課税するか否かは、市町村の任意である。課税標準は、地籍台帳記載賃貸価格であり、その税率は原則として住居税と同一である。

2 住宅徴発

「徴発」とは、「私人に補償金を支払うことによって、私人の労務、動産または不動産の使用、動産の所有権を行政に与えることを私人に対して強制する、行政に認められた手段」(『フランス法律用語辞典』三省堂)である。不動産について所有権ではなく、利用権を行政に与えることに特徴がある。

住宅徴発には二つの手続きがある。一つは、受益者に直接住宅を与える徴発手続きであり、もう一つは、中間に公共団体等が介在する徴発手続きである。後者の手続きは、「住宅への権利を保障する」目的を有し、法人の所有する空き住宅にのみ適用される。徴発対象となるのは、住宅が著しく不足している都市で、少なくとも18カ月(2013年の法改正後は12カ月)以上の期間、居住者のいない空き家である。県知事が、1〜6年間(大工事が必要な場合は最長12年間)当該住宅を徴発し、市町村や社会住宅供給団体に提供し、リノベーションを行い、住宅困窮者に貸与する。

1960年代には10万件以上の住宅徴発がなされ、1995年、1996年にもパリ周辺で1千件程度の住宅徴発があった。2013年改正時にも、徴発の積極化が目指され、多くの住宅供給団体が徴発発動を求めた。しかし、徴発対象住宅である旨の通知があると、所有者は、賃貸に出すなどして徴発を回避するため、徴発の実施は例外的である。*11

3 一時的住宅契約

一時的住宅契約は、2009年法律323号によって創設された制度である。イギリス、オランダ、ベルギーなどの制度に影響を受けて、2013年12月31日に終了する実験的制度とされたが、その後、2018年12月31日まで実験期間が延長された。

前述の徴発は、強制的な空き家対策であるが、一時的住宅契約は、所有者の意思を尊重するソフトな手法であり、所有者へのインセンティブとして既建築不動産税の軽減を行っている[*12]（25％税額控除）。一時的住宅契約は、住宅所有者が賃貸しやすくするため、空き家について居住用借家法の例外を設けた。フランスの居住用借家法である1989年法律462号は、日本の借地借家法と同様に借家人を相当に保護している。このため、建物所有者は賃貸するとその家を取り戻すことが容易でなく、この点が空き家を市場に出す障害になっている。この対策として、一時的住宅契約では、空き家について、契約（県知事の認証が必要）に基づき、長期にわたらない利用権を公共団体や社会住宅供給団体等のために設定し（1989年法適用除外）、この住宅を、住宅困窮者に低額賃料で転貸する。空き家所有者と団体との契約期間は、最短で3カ月であり、更新も可能だが、18カ月を超えることはできない。

4 明白放置財産収用

以上は、所有者が特定でき、しかも住宅として利用可能な空き家に関する制度であったが、放棄・放置された不動産への対策として、「明白放置財産収用制度」および「無主財産市町村帰属制度」がある。いずれも、市町村等へ所有権を帰属させる制度だが、明白放置財産収用は、所有者が使用・管理を放棄・放置してはいるが、無主にはなっていない場合であり、市町村帰属の代償として所有者に補償が与えられるのに対して、無主財産は、所有者がいない場合であり、それ故、補償なくその所有権が市町村等に帰属する。

　フランスの研究者は、放棄・放置不動産は、市町村にとっては二つの点で困難の原因であると指摘する。[*13]第一に、隣地所有者にとっては迷惑であり、それ故に市町村長に干渉を求めるが、市町村長が所有者を知ることは容易でない。第二に、放棄・放置されている不動産は荒廃し、危険な状況を生みだす。それは、公の秩序のために危険を防止する必要があり、それに当たるべき警察権限は市町村長にある。ところで、この警察権限は、行使するか否か自由な権能ではなく、市町村長の不作為の場合は、責任が生ずる場合があり、対応をとることが必要である。

　明白放置財産収用制度は、１９８９年の法改正により地方自治体一般法典に規定されている。手続きの進行は、次の通りである。①市町村長が所有者、関係者を探索、財産放置の暫定調書を作成↓②暫定調書を３カ月間、市町村庁舎に公告、新聞に公告、所有者等に通知↓③公告から６カ月経過しても反応がない場合、市町村長は財産放置の確定調書を作成↓④財産放置確定調書は市町村参事会（日本の市議会に相当）に移送、参事会が市町村のための公用収用手続き↓⑤市町村長は県知事に申し立て、県知事が公用の可否を判断し、補償額は司法裁判所が定める。

　通常の公用収用は、道路建設等「公共のため」に行われるが、この手続きにより取得した土地・建物は、他に譲渡することも可能である。所有者がいることはわかるが、連絡がとれない場合には、補償金は法務局への供託による。この手続きの問題は、実際の取得までに相当の日時が必要なことである。また、この手続きは、所有者が放置の状態を改めた場合には進行しない。所有者が放置の状態を改める工事をする旨の合意を市町村長と締結した場合も手続きは進行しないが、実際に工事が行われなければ、再び進行する。

5 無主財産市町村帰属

フランス民法典は、無主財産について、1804年の制定以来、「無主の財産は国庫に帰属する」と無主財産国庫帰属主義を規定していた。これは、日本民法の「所有者のない不動産は、国庫に帰属する」という規定（239条2項）の母法に当たる。

この点、2004年改正後のフランス民法典は、無主財産について、国庫帰属主義を転換して、第一次的市町村帰属主義を定め、「無主の財産は、その地の市町村に帰属する。しかし、もしも市町村がその所有権を放棄すれば、国に帰属する」と規定した（713条）。無主不動産の帰属先を国庫から市町村に変更した理由は、無主不動産の状況について最初に情報を得るのは市町村であり、また、市町村は無主不動産の状況が解決されることに利害関係を持っているからである。民法典713条は、その後改正され、無主不動産の帰属先を第一次的に市町村としつつ、第二次的に市町村間協力公施設法人、最後に国または沿岸域保全機構としている。[*14]

無主財産手続きにおける無主財産の判定については、公有財産法典が、①30年以上前に相続があったが、相続人が現れない場合（フランス法では、2006年民法改正前までは、相続人は、相続開始後30年間にわたり、単純承認、限定承認、相続放棄の選択権を有したが、30年が経過すると相続放棄とみなされた。200

6年民法改正は、選択権行使期間を30年から10年に短縮し、それ以後の相続では、10年を経過すると相続放棄とみなされる）、②所有者が不明で、3年以上不動産税が支払われていない、または、第三者によって不動産税が支払われている場合（第三者が取得時効を狙っている場合）と定めている。①の場合、法律には規定がないが、実際には告示がなされる。②の場合は、市町村長は無主財産についての公告を行う。また、最後の所有者の住所地でも公告がなされる。この公告手続きがあった後、6カ月を経過しても所有者が名乗りでないときには、無主財産とされ、当該不動産は市町村の所有となる。②の場合は期間が3年と短期であるが、そもそも所有者が不明になり、しかも代理人が置かれていない（所有者死亡だと相続があるが、それがない）、または不動産登記簿・地籍に所有者が不明とされているなどが必要であるとされ、適用は限定されている。市町村の都市計画担当者へのヒアリングによれば、この制度の適用例は稀である。その理由として、市町村が真の所有者による返還請求を恐れているのではないかと、担当者は指摘している。

なお、市町村間協力公施設法人や沿岸域保全機構は、フランス法における「公施設法人」である。公施設法人は、国や地方公共団体と同様に、公役務（公共サービス）を行うが、その任務は、特定の事項（消防、沿岸域環境保全等）に限定されている。

市町村間協力公施設法人（ＥＰＣＩ）は、日本の一部事務組合に近い。日本の一部事務組合は、地方自治法に基づき、地方公共団体および特別区が、その事務の一部等を共同処理するために設ける特別地方公共団体であり、消防、ゴミ処理、火葬場等の特定行政サービスを共同で行っている。フランスでは、日本と異なり、市町村の合併が進展せず、2017年現在3万5千を超える市町村があり、各市町村は、市町村間協力公施設法人によって事務の共同化を進めている。実際に、ほとんどの市町村が「課税権を持つ市町村連合」（市町村間協力公施設法人が中心）に参加しており、その数は1266（2016年現在）にのぼる。[*15] 課税権を持つ市町村間協力公施設法人は、住居税等の課税ができ、都市整備を行う場合もある。

また、沿岸域保全機構は、環境省の管轄に属する沿岸域の環境保全という特定の公役務を担う公施設法人である。実際に、干潟、湿地帯等の自然環境の保護に重要な役割を果たしている。

6 管理不全建物対策（空き家かどうかは不問）

建物が管理不全になるのは、空き家の場合だけでなく、危険建物に占有者がいる場合もある。フランス法には、不動産の管理不全対策として、「崩壊危険建物制度」と「衛生危険建物制度」がある。これらの制度は、空き家の場合だけでなく、占有者がいる場合でも行政当局の干渉の根拠として重要な役割を果たしている。

(1) 崩壊危険建物制度

建設住宅法典は、崩壊危険建物制度について定め、「壁であれ、建物であれ、どのような種類の工作物であれ、それらが荒廃状態であって崩壊により安全を脅かしうるとき、または、一般的に、公共の安全の確保のために必要な堅固さの担保がない」ときに発動すると規定している。なお、市町村長は、工作物等の堅固さを検査するための立入権を有する。

この制度は、日本の建築基準法の保安上危険な建築物等に対する措置のうち損傷・腐食危険に関する部分に近い。フランスでは、２０１４年３６６号法律による制度改正があり、原則として、市町村長から市町村間協力公施設法人に規制権限を移譲し、危険除去命令を受けたにもかかわらず、除去措置を実行しない所有者に対して、アストラント（間接強制のための金銭支払命令）を課すことができると、制度が強化された。

フランスの崩壊危険建物制度の特徴は以下の点である。

第一に、適用の歴史のある制度である。古くは、フランス革命前の１７２９年の国王書簡に由来し、現在に至る多数の裁判例がある。[*16] 日本の建築基準法の危険建築物に関する規定の適用が例外的であるのと比べると、相当に異なっている。

第二に、適用の要件は、①土地の工作物であること、②崩壊の危険があること、③公衆への危険があることである。このうち、①については、壁、記念碑など人工的工作物であることが必要である。自然の丘等は対象にならない。②については、老朽化、管理不全等建物の内部要因によるものである必要がある。自然災害等外部起因の崩壊危険については、市町村法典による緊急措置制度があり、市町村長が行政当局の負担で危険を除去する。③については、建物崩壊による公道への危険に限定されず、居住者への危険を含み、空き家だが人が立ち入る可能性があって危険な場合も含まれる。

第三に、この制度は、所有者負担で崩壊危険を除く危険除去命令を所有者に課す。それには、通常崩壊危険と急迫崩壊危険とがある。前者では、建物が危険だと考えた市町村長は、所有者に通知をし、所有者の聴聞を行い、それで状況が改善しないときに、期間を定めて状況改善をなすべき旨の命令を発する。後者では、市町村長は、所有者に通知するとともに行政裁判所に鑑定人指名を求める。鑑定人が危険について急迫であるとの報告を出した場合には、所有者に危険除去命令を出す。危険除去命令は、暫定措置の内容および措置をとるべき期間を明示する。措置として実際に多いのは、安全のための防護壁等の設置、煙突、壁等の破壊、緊急工事などである。建物からの居住者退去も命じることができる。所有者は、命令執行の義務を負う。所有者が工事命令を受けた後に、工作物の所有権放棄を主張しても、判例上この場合の所有権放棄は認められず、所有者は工事義務を免れることができない。工事等により危険が除去されたと確証できれば、市町村長は、技術者の報告に基づき、完了の日付についての証書を作成する。指定された日までに命令が所有者により執行されない場合、職権で危険除去工事等が執行され、費用は所有者に請求される。

第四に、所有者に対する命令制度であるため、所有者の捜索等に関しても配慮している。①基本的には登記上の所有者に通知をする、②工事が区分所有建物の共用部分についてのみ必要な場合は、管理組合への通知で足りる、③所有者の住所を知ることができない場合および特定できない場合には、通知は当該不動産所在地の市町村庁舎での公告で足りる。さらに、所有者が特定できるが、明白に放置されている場合には、明白放置財産収用制度により公用収用が可能である。後述するリール都市圏のルーベは、老朽建物が多いために、この制度が度々適用されるとの指摘もある。

(2)衛生危険建物制度

衛生危険建物制度は、産業革命後の労働者住宅の非衛生な状態が伝染病の原因となるなど公共の利益を損なうことを問題として、1850年4月13日法で創設された。*17

衛生危険とは、住宅の占有者・近隣者の健康を損なう状態であることである。具体的には、ひび割れた壁、防水性の欠如、通風の欠如、非常な湿気、衛生設備の欠如等から、立ち入りによって決定される。

手続きの流れは、崩壊危険建物と同様であるが、衛生危険建物の場合には、市町村長は安全確保のために警察権限を有し、県知事は公衆衛生についての特別警察権限を有し、県の衛生当局および市町村の衛生当局（全フランスで約200）が、直接通報または職権または市町村長からの通知に基づき、権限を行使する。これらの当局は、現地に立ち入り、調査を行い、報告書を作成して、最終的には県知事に提出する。これに基づき、県知事は、非衛生状態が是正可能か是正不可能かを判断する。是正可能と判断された場合には、一定期間内に改良するようにとの衛生危険除去命令が出され、所有者が工事をしない場合は、職権で工事が実施される（工事費は所有者へ請求）。是正不可能とされたときには、最終的居住禁止命令が出され、公用収用措置がとられる（収用の実施は稀）。

都市整備関係者のヒアリングでは、衛生危険建物制度を「ゴミ屋敷」「マンションのゴミ専有部分」への対応として使う場合もあるとのことであった。

7 空き家対策の検証

２０１６年にフランス会計検査院は空き家対策の検証結果を公表した。[*18]

第一に、空き家として把握される物件の中にはかなりの割合で居住不可能な物件があり、そうした物件を利用可能にするには相当の費用が必要である。

第二に、空き家の状況は、パリ周辺のような住宅不足の著しいところと、人口減少等に悩む地方都市とでは異なるため、地域に応じた対策が必要である。

第三に、フランスの空き家対策の中心は、空き家所有者に対する強制であり、空き家税はその代表であるが、パリのような住宅事情が逼迫したところではその効果は明らかでなく、また、地方都市の状況に合致していない。徴発も、キャンペーンのような単発的なものにとどまっていて、効果は限定的である。

第四に、空き家対策には、国のみならず、地方自治体や不動産の専門家との連携が必要であるだけでなく、高齢の家主などには情報の提供が有効である。

第五に、「一時的空き家」と「構造的空き家」とを区別することが必要である。一定の空き家率は、円滑な住み替えや不動産の流通のために必要である。建物の状況が悪いと構造的空き家となり、これが空き家のかなりの割合を占める。「フランスには約３００万の空き家があるから、これを市場に出せば住宅不足は解決する」という議論があるが、それは、空き家の実態を理解していない議論である。

空き家問題は、人口移動・社会状況の変化や地域的特性が関連している。パリ周辺、コートダジュール（ニースを含む地中海岸）などでは、8%程度の空き家率であるが、不動産価格の高騰により住宅事情は逼迫している。中規模の都市、10万人以下の都市圏等では空き家率は高くなっている。ブルターニュから、フランス中部の山岳地帯にかけても空き家率は高い。これは、経済状況とりわけ雇用状況に地域で相違があるためである。

3 リール、サンテティエンヌ市の空き家リサイクル

人口や産業の流出に悩む地方都市では、近年、「空き家（の）リサイクル（recyclage des logements vacants）」政策を採用しているところがある。フランスでは、伝統的に、空き家対策を「空き家（の）動員（mobilisation）」と呼ぶことが多い。「空き家動員」では、利用可能だが空き家になっている住宅を市場に出すことを重視し、空き家税や徴発のような所有者に対する制裁的・強制的手段が中心になる。これに対し、「空き家リサイクル」は、老朽化等のため現状では利活用が難しい空き家を主な対象とし、相当の手間をかけ投資・整備を行った後、住宅市場に出す。徴発等の制裁的・強制的手段は、老朽化してそのままでは利用困難な空き家には有効でないからである。

空き家リサイクルには、所有権・所有者に対する見方の変化という意義もある。都市整備・都市計画は、伝統的に、公益を理由に不動産所有権を制限するもの、所有権の絶対性・自由を修正する

ものと考えられ、いわば所有権敵視を前提としていた。空き家税や徴発は、不動産所有者が所有権の絶対性を楯に住宅の供給を拒むことに対する強制的・制裁的手段である。それ故、伝統的な所有権敵視的アプローチに近い。

しかし、最近の調査や都市整備の経験によれば、強制的・制裁的アプローチだけでは不十分である。というのも、空き家の多くは老朽化など物理的問題を抱え、不動産所有者も高齢化、資力の低下、共有などで意思決定が困難な場合が相当の割合を占める。空き家リサイクルは、こうした状況下にある不動産所有者と協働しつつ問題を解決するものである。これを標語的に表現すれば、不動産所有者に対する「強制から協働へ」となる。また、不動産所有者にも種々のタイプがあり、個別状況に応じた対応が必要であり、空き家リサイクルは、状況の多様性に対応した新たな手段という点で評価できる。本稿では、具体例としてフランス北部の大都市リールおよびフランス中部の都市サンテティエンヌを紹介する。

1 リールの空き家対策

リール市はフランス北部の大都市で、パリから日本の新幹線に相当するTGVで1時間ほどの距離にある（図1参照）。リールの空き家対策の特徴は、第一に、経済の沈滞に対応していること、第二に、空き家対策について複数の地方公共団体の出資による「地方公共株式会社（Les societes publiques locales）」が担当し、空き家関連事業のみならず、調査研究も実施するなど専門家を擁していること、第三に、フランスで初めて「1ユーロ住宅事業」を開始したことである。

(1)リール都市圏の特性

リール市の人口は約22万人（2015年）であるが、リール都市圏は、約108万人の人口を有する。パリの1200万人の都市圏を筆頭としてフランスで100万人を超える都市圏は八つ程度あり、リール都市圏はその一つである。

リール都市圏は、19世紀後半から20世紀前半に石炭、鉄鋼、繊維産業を中心に繁栄したが、19

空き家の多いリール市街地

リールの空き家（提供：まちづくり）

ルーベの豪邸の空き家（提供：まちづくり）

地方公共株式会社まちづくりの担当者と筆者（中央）

60年代以降に産業の優位性が失われ地域経済の衰退が起こった。*19 リール都市圏のフランス全体のGDPに占める割合は、1860年代に5%であったのが、1960年代には8・3%に上昇したが、1995年には再び5%と低下した。1960年代以降、繊維産業では13万人の職が失われた。2012年の失業率を見ると、フランス全土が9・8%であるのに対し、リールは12・5%、リール都市圏のルーベは15・1%である。2015年の空き家率は、リールで8・8%、ルーベで11・5%である。また、リール都市圏では、1948年までに建てられた建物が50%以上の割合を占め、4万2千の老朽・荒廃住宅が存在する。

⑵空き家リサイクル事業

2018年に筆者は、リール都市圏の都市整備を担う地方公共株式会社である「まちづくり（Fabrique des quartiers）」を訪問した。「まちづくり」は、2017年現在で43人を雇用している都市整備の専門家集団である。その株式は、リール大都市共同体（前述の市町村連合の一種）、リール市、ルーベ市が所有する。任務は、旧市街の再整備、それも、市街地再開発型の大規模整備ではなく、街区レベルの再整備である。なお、地方公共株式会社は、2010年法律559号で認められた法人であり、複数の公共団体が100%出資を行って株式会社を設立し、公共事業を行うが、地方公共団体との間で一般競争入札を経ないで特命で契約を締結できる。[*20]

筆者は、「まちづくり」で、空き家リサイクル事業を担当するルイ・ミッシェル氏にヒアリングした。ミッシェル氏によると、「空き家リサイクルという言葉はリールでは比較的前から使われている。その考え方は、荒廃した空き家を改造し、また付加価値を付けて市場に出せるようにすることである。そもそも、リール都市圏は他の都市圏と異なる特徴がある。それは、相当数の建物が1950年代以前の産業化の時代に建築されていることである。そのため、維持管理の悪い建物がかなり存在する。特にルーベはその傾向が著しい」ということであった。

さらに、ミッシェル氏は次のように指摘した。「空き家の所有者にもいろいろなタイプがいる。居住可能なのに故意に空き家にしているような所有者に対しては、強制的方策が有効である。しかし、所有者が高齢であったり、相続共有などで動きがとれない場合もある。この場合には、所有者に対する支援が必要になる。さらに、所有者がその家に愛着を持っている場合（空き家が〝一族の家〟である場合）もある。とはいえ、そのために長期間空き家になるのは適切ではないので、所有者と協力関係をつくり、住宅を適切に管理する義務を負っていることを理解してもらう必要がある。実際には、所有者の高齢化、遺産分割協議の長期化、所有者の不明化など、さまざまな場合がある」。

リール都市圏の空き家リサイクルの特徴は、「空き家問題のカギは所有者にある」という考えを重

before

after

地方公共株式会社まちづくりによる空き家整備の例（提供：まちづくり）

視していることである。所有者が高齢で判断能力を欠く場合のマニュアル、所有者が不明な場合のマニュアルなどが整備されている。

「まちづくり」による空き家の整備の具体例として、リール中央駅から地下鉄で1駅の場所にある疲弊した住宅街を訪れた。20世紀前半までに建てられた2階建て長屋形式の労働者住宅のかなりの部分が空き家になり、その住宅の水準も低かった。「まちづくり」は、こうした住宅街の所有者に住宅改修について支援を行ったり、所有者から買い取る等投資をし、再販売を行っている。

(3)1ユーロ住宅事業

「1ユーロ住宅（Maison à un euro）」または「工事義務付1ユーロ住宅」は、リール都市圏ルーベ（2015年の人口9万6千人）において開始されたプロジェクトであり、2018年3月末日に候補者募集が締め切られた。この制度は、イギリス・リバプールの「1ポンド住宅」（5章参照）にならって創設され、フランスの都市再生全国機関（ANRU）とも提携し、実験的に開始された。筆者は、同プロジェクトの担当者リュシー・シャロン氏（「まちづくり」職員）にヒアリングを行った。

1ユーロ住宅は、大きく二段階、細かくは九つのステップからなる。第一段階は、住宅取得者との協定成立までの段階であり、①プロジェクト開始、②候補者募集、③候補者の順位づけ、④付与住宅の決定、⑤協定の締結である。第二段階は、先の⑤協定の締結から始まり、⑥売買予約、⑦工事特約付売買契約の締結、⑧取得者による工事、⑨工事義務違反特約の解消・失効で終わる。

この1ユーロ住宅での契約は、負担付贈与ではなく、通常の売買契約であるが、その有効性が問

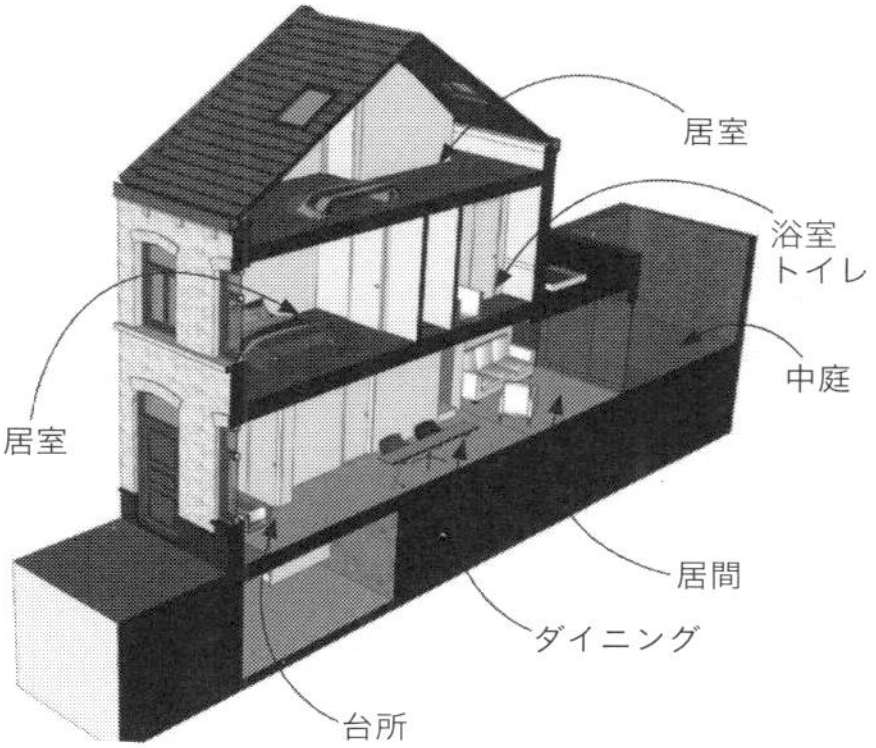

図2　1ユーロ住宅の内部（出典：1ユーロ住宅サイト）

1ユーロ住宅の例（出典：1ユーロ住宅サイト）

題になる場合がある。というのも、フランス法では、行政法レベルで、市町村が特定個人に寄付をする、または不当な利益を与えることにならないかが問題になりうるし、民法レベルで、売買契約においてその代金が極めて低額の場合には無効とする判例があるからである。

もっとも、行政法レベルでも、取得者が「十分な代償措置」を講ずる義務を負う場合には、行政の有する財産の名目的金額による売買契約を有効であるとした判例があり、また、民法レベルでは、売買契約の買主に「真正の代償措置」が課されているのであれば、代金がわずかであっても売買契約として有効であるとする判例がある。[*21]

この点に関し、「まちづくり」は、1ユーロ住宅の売買契約が有効であるためには、二つの条件を満たさなければならないとした。[*22] 第一の条件は、その契約が公の利益に合致することであり、具体的にはこの事業が地域の活性化に有効なこと、住民の居住環境を改善すること、空き家数の減少につながることなどである。第二の条件は、売買契約において実際の価値と価格（1ユーロ）との間の格差を正当化するに足る「十分な代償措置」が取得者側に課せられていることである。具体的には、取得者が工事義務を負うこと、6年間は売却不可能であることなどである（この点は登記でも公示される）。

2018年3月には、17物件について募集が行われた。たとえば、61平方メートルのT3（2LDK相当、前頁写真、図2）の物件では、売買価格は1ユーロ（約130円）であるが、一定の工事が義務づけられている。工事の費用は、すべて業者に依頼して新しい材料を使えば12万5千ユーロ（約1620万円）だが、購入者の所得が低い場合は住宅改善全国機関の助成が得られ、さらに相当程度の工事を購入者自身が行えば6万8千ユーロ（約880万円）まで圧縮できることが募集書類で明らかにされている。

2 サンテティエンヌの空き家対策

(1)サンテティエンヌ都市圏の特性

サンテティエンヌ市はフランス中部の街で、市の人口は約17万人であるが、同都市圏は50万人の人口を擁する（図1参照）。サンテティエンヌ都市圏は、伝統的な産業都市（石炭、軍事装備品および繊維産業）として繁栄したが、1970年代以降の産業構造の転換に伴い、失業や地域経済沈滞の問題を抱えた。[*23] この点で、リール都市圏と共通する面がある。

サンテティエンヌの2015年の空き家率は12％であるが、市中心部の空き家率が高いこと、集合住宅の空き家が多いこと、空き家の相当部分が1915年以前の建築であり、建物の状況が劣悪であること、3年以上の長期空き家が空き家の3分の1以上を占めること、近年は省エネルギー基準が厳格化され、この基準を満たさない旧来の建物が空き家になりやすいことが特徴であった。

(2)空き家リサイクル事業

2018年に筆者は、サンテティエンヌ市町村間協力公施設法人副事務局長レミ・ドルモア氏にヒアリングを行った。ドルモア氏は、サンテティエンヌには旧市街地に空き家が多いことを指摘しつつ、「空き家リサイクル」の事業を説明した。氏が強調したのは、「ミドルクラスを呼び戻す」という戦略である。ドルモア氏によると、サンテティエンヌでは、中心市街地の建物が老朽化し、しかも所有者が建物に投資する資力を有していないことが多い。そのため、ミドルクラスが郊外に流出し、中心市街地に一層空き家が増加している。そこで、ミドルクラスにとって魅力ある街区をつくるため、公園等の公共施設を整備するとともに、住宅改善全国機関との提携などにより、所有者が投資しやすい環境を整え、また、一部の建物については、都市整備局が購入し内部を改良し、現代的な魅力ある住宅として売りだすなどの作業を行っている。

空き家リサイクル事業の例として、筆者は、ジャカール地区ジュール・ルダン通りの4階建て建物のリノベーションプロジェクトを見学した。ジャガール地区は、ジャガード織機で著名なジョゼフ・ジャカールの名を冠している。

この地区は、19世紀からジャガード織りによるリボンづくりで有名であったが、近年は伝統産業

「ラ・リュバヌリ」プロジェクト（上右：工事前（中庭）／上左：工事中（外観）／下：完成予想図）

が衰退し、空き家が多くなり、魅力を失っていた。そこで新たに公園がつくられ、環境整備が行われた。筆者が見学した同地区内の集合住宅「ラ・リュバヌリ（La Rubanerie、リボンづくりの意）」プロジェクトでは、19世紀に建築された4階建ての建物（単独所有物件）について、都市整備局が土地・建物を購入→内部を改良工事→区分所有として売却というプロセスが実施されていた。建物の外壁を保存しつつ内部の改造が徹底的に行われ、従来の部屋の間の壁も取り壊されていた。また、バルコニーなども新たに取り付けられた。

この建物は、1階に三つの店舗スペースがあり、そのうち二つが空きスペースであった。また、建物の2階以上の部分は居住用で、ほとんどは空き家であった。改造工事にあたっては、占有者に一時的に退去を求める必要があった。たとえば、整備後の2階の部屋は、居住面積は55平方メートルで30平方メートルのテラス付物件である。これが住宅改善全国機関の助成金がない場合には13万1千ユーロ（約1700万円）であるのに対し、助成金を得られる場合には8万ユーロ（約1100万円）の販売価格となる。完成前であるにもかかわらず、半数以上の住宅がすでに売約済みであった。

4 学ぶべき多彩な政策と公民連携体制

以上、フランスの空き家対策を見てきたが、日本にも示唆を与える点がある。

第一は、空き家問題への早くからの関心である。

第二は、その政策の多様性である。明白放置財産収用制度のように、ほとんど使われない制度もあるが、フランスは一種の法律の実験室のようでもある。また、フランスの無主財産市町村帰属制度は、日本民法の伝統的な無主不動産国庫帰属制度をやはり市町村帰属主義へ転換すべきではないかとのヒントを与える。

第三は、空き家問題と都市計画・経営との関連である。日本の空家等対策特別措置法は、ともすれば、単発的な空き家が引き起こす外部不経済への対応という形になりやすい。これに対して、フランスの対策は、街区との関係で空き家を捉えるものになっている。

第四に、崩壊危険建物制度のように空き家に限らない不動産管理不全対策を実際に行っていることである。

第五に、とりわけ地方公共株式会社「まちづくり」のように、自治体以外の組織が空き家問題を担当していることである。これは、専門家の確保という面からも注目に値する。その組織が、空き家の取得・再整備・販売を行えば、アメリカのランドバンク（2章参照）にも類似した機能を果たすとも考えられる。1ポンド住宅や1ユーロ住宅の試みを日本で行うとすれば「100円住宅」になる。現在の日本の空き家対策は、「特定空家」への対応を中心にし、最終的には除却で終わる可能性が高い。不動産が再び活用できるようになるまでの一貫した流れに責任を持つ専門家を中心にした組織が必要であろう。

注

＊１ Jean-Claude Bontron（2014）Les villes et territoires ruraux aujourd'hui : état des lieux. qui les habite? Quelles évolutions démographiques? Des nouveaux arrivants? Quel état de l'habitat? Quels besoins?, in, Lutter contre l'habitat indigne dans les villes et territoires ruraux

＊２ Les conditions de logement en France Édition 2017

＊３ 河田浩樹（２０１３）「フランスの住宅市場の動向について」『建設経済研究所　研究所だより』２９０号

＊４ 前掲＊３

＊５ 小柳春一郎（２０１７）「フランス法における不動産の法的管理不全への対策―コルシカにおける相続登記未了と２０１７年地籍正常化法」『土地総合研究』25巻２号、小柳春一郎（２０１８）「フランスの相続登記の現状について：相続登記義務・登記専門家・相続登記未了対策」『月報司法書士』２０１８年４月号。また、朝日新聞２０１８年５月26日朝刊４面記事（小柳取材協力）。

＊６ JO Senat du 25/10/2017

＊７ 小柳春一郎（２０１２）「フランスの空家対策と保安上危険建築物対策」『月刊住宅着工統計』３２４号、小柳春一郎（２０１４）「欧米の空家対策：フランスの場合」『日本不動産学会誌』28巻３号、小柳春一郎、ナターシャ・アブリヌ（２０１５）「フランスにおける空地・空家問題：日本との相違と共通点」『Evaluation』57号

＊８ 海外住宅・不動産税制研究会編著（２０１１）『主要先進国における住宅・不動産保有税制の研究：歴史的変遷と現行制度ならびに我が国への示唆』日本住宅総合センター

＊９ 松浦茂（２０１８）「フランス地方税財政の近年の動向―住居税の見直し等をめぐって」『レファランス』２０１８年３月号

＊10 Taxes et impôts　https://www.paris.fr/municipalite/l-hotel-de-ville/taxes-et-impots-2318

＊11 Pascal Derrez, Réquisition de logements vacants　http://www.adil31.org/fileadmin/Sites/Adil_31/publications_pdf/log_vacant.pdf

＊12 Christelle Coutant-Lapalus（2010）Fasc. 509 : BAIL D'HABITATION. ―Locaux régis par des dispositions particulierès. ―Convention de résidence temporaire Jurisclasseur Notarial Répertoire

＊13 D. Dutrieux（2010）Le point sur le régime des biens vacants et sans maître, JCP N., 1120. P. BILLET（2015）Expropriation :régimes spéciaux, Jurisclasseur, Administratif, n°1805, Juris-Classeur., Environnement, Fasc. 220, n°118

＊14 Jérôme Pentecoste（2016）Les collectivités locales et les biens sans maître ―Guide juridique et modèles d'actes d'incorporation

＊15 前掲＊９

＊16　C. Gaborde（2014）Édifices menaçant ruine, Jurisclasseur, Administratif, n°5. M. Wendling（2007）Le maire et la police des édifices menaçant ruine
＊17　吉田克己（１９９７）『フランス住宅法の形成　住宅をめぐる国家・契約・所有権』東大出版会
＊18　Anne Boquet et al.（2016）Évaluation de politique publique Mobilisation des logements et des bureaux vacants
＊19　Bert Provan（2015）Lille City Story CASEreport 104, May 2015
＊20　国家戦略特区事業提案　https://www.kantei.go.jp/jp/singi/tiiki/kokusentoc_wg/pdf/7-yabu.pdf
＊21　Catherine Bosgiraud（2011）Les ventes à l'euro symbolique consenties par les personnes publiques, in, La Semaine Juridique Administrations et Collectivités territoriales, n°47, 21 Novembre 2011
＊22　Etude pré-opérationnelle pour la mise en œuvre du dispositif Maison à un euro
＊23　Bert Provan（2016）Saint-Étienne City Story CASEreport 105: May 2016

参考文献

・Dossier complet Commune de Lille (59350)　https://www.insee.fr/fr/statistiques/2011101?geo=COM-59350
・Dossier complet Commune de Roubaix (59512)　https://www.insee.fr/fr/statistiques/2011101?geo=COM-59512
・Dossier complet Commune de Saint-Étienne (42218)　https://www.insee.fr/fr/statistiques/2011101?geo=COM-42218
・まちづくりの空き家リサイクルサイト　http://www.lafabriquedesquartiers.fr/images/Logements_vacants_rapport_annuel_2017.pdf
・ルーベの１ユーロ住宅サイト　http://maisona1euroavectravaux.fr/
・「リボンづくり」サイト　http://www.epase.fr/les-amenagements/les-operations/la-rubanerie

5

イギリス
行政主導で空き家を市場に戻す

倉橋透

本稿では、対象を原則イングランドに絞って記述し、可能な場合にイギリス全体に言及することとする。

1 住宅市場の特性

1 住宅需要

イングランドの住宅市場の特性を見るためには、その住宅ストックの規模を考える必要がある。住宅・コミュニティ・地方政府省のホームページによれば、2016年3月時点で、持ち家1478万6千戸、民間の家主からまたは雇用に関連して借りている住宅484万7千戸、(住宅協会等政策に適合するものとして)登録された民間の供給者から借りている住宅243万戸、地方自治体の公営住宅161万2000戸、他の公的機関の持つ住宅5万7千戸、合計で2373万3千戸の住宅ストックがある。

一方、国家統計局の統計によれば、2016年の推計値でイングランドの人口は5526万8100人で増加傾向にある(図1)。なお、イギリス全体では、2016年の推計値で6564万8100人とされている。

近年の人口増加の背景には、移民・難民問題があると思われる。2015年までは毎年50~60万人の長期移民の流入があった。その後、人数は減少したにせよ、なお移民の問題はイギリスにとっ

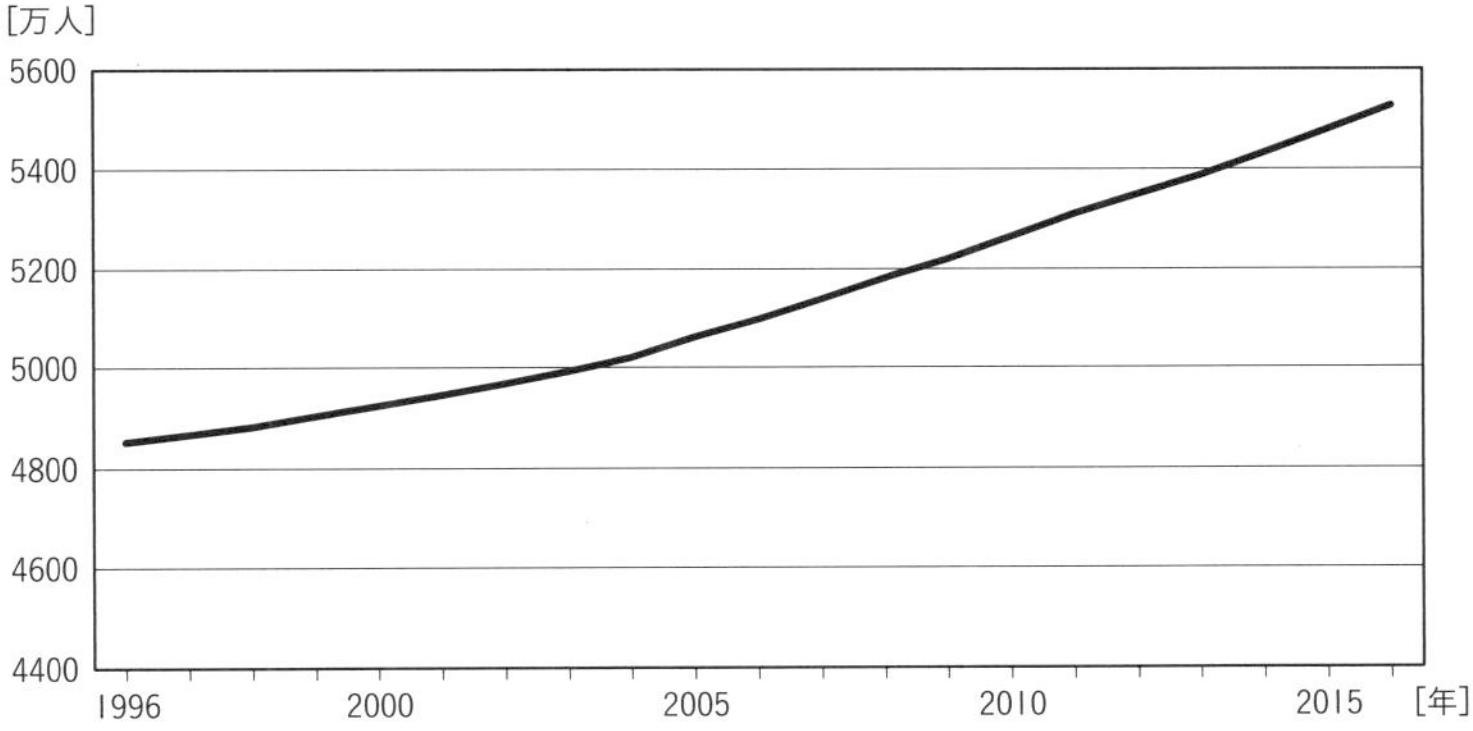

図1　イングランドの人口の推計値（出典：国家統計局ホームページ）

て大きな問題である。このような状況が、2016年6月のBREXITの国民投票につながったものと思われる。ちなみに、他の国への長期移民（2016年）を見ると、ドイツ102万9852人、フランス37万6115人などとなっている。

　このように、イングランドでは人口が増加傾向を辿っていることは、日本との決定的な違いであり、空き家問題への対処にも影響している。

2 新築市場

　政府統計により、新築住宅戸数（完成ベース）の推移を見ると、図2の通りである。新築住宅戸数は、年10〜15万戸の間で推移しており、特に2009年から2014年にかけて低迷したが、これはリーマンショックや欧州債務危機の影響もあると考えられる。さらに、従来は計画許可により建築規制が厳しかったことも新築住宅戸数が少ないことに影響していると思われる。

一方、イギリス政府は現在、新築住宅の供給体制づくりを進めており、2017年秋の予算「国が必要とする住宅を建築する」では、他の改革と合わせて「2020年代半ばまでには、住宅供給を平均で30万戸に引き上げる」「今後5年間にわたり住宅建築のための新たな金融的な支援として150億ポンド（約2・3兆円）以上が可能になる」としている。*1

市場規模はともかく、イギリスでは新築住宅戸数が問題化しており、保守党・自由民主党の連立政権において存在していた空き家専用の政府補助金が保守党政権では廃止されたことと合わせ、「空き家再利用から新築へ」の流れが見られる。

3 流通市場

歳入庁の統計に基づき、イングランドの不動産の年間取引件数を見ると、図3の通りである。

2007年までは高い水準であったが、2008年からは、サブプライム危機、リーマンショック、欧州債務危機の影響で低迷していた。直近では回復傾向にある。一方、2014年の不動産取引件数は約105万件であり、同年の新築戸数約11万8000戸とは桁違いである。

流通市場には別の統計もある。国家統計局の「地域別住宅用不動産売却戸数」である（図4）。

傾向としては、2008年の急減、その後の低迷、さらに回復と、不動産取引件数と同様の推移を辿っている。ただし、住宅用不動産の売却戸数は2014年で約87万5000戸と不動産取引件数の約105万件より少ない。なお、不動産取引件数には住宅用不動産売却戸数では除かれている

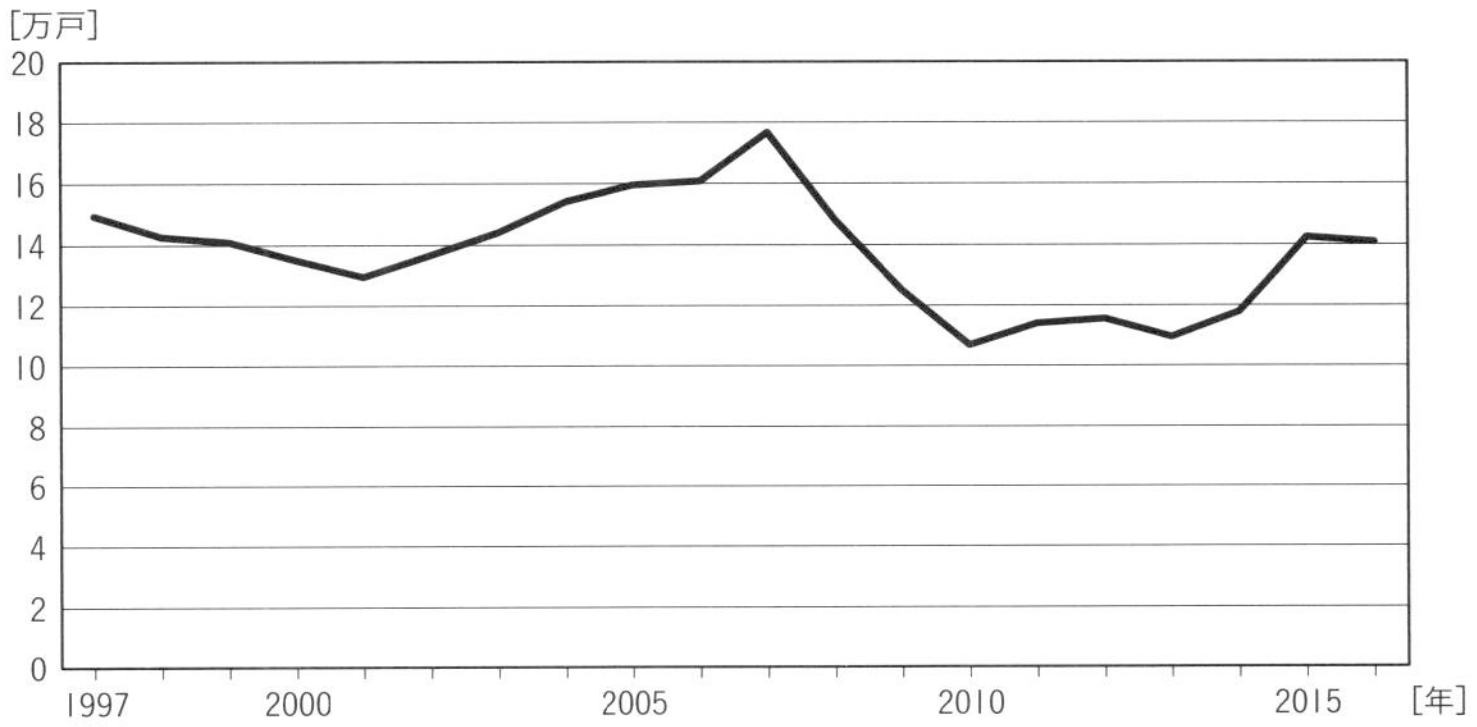

図2　新築住宅戸数(完成ベース)（出典：住宅・コミュニティ・地方政府省ホームページ）

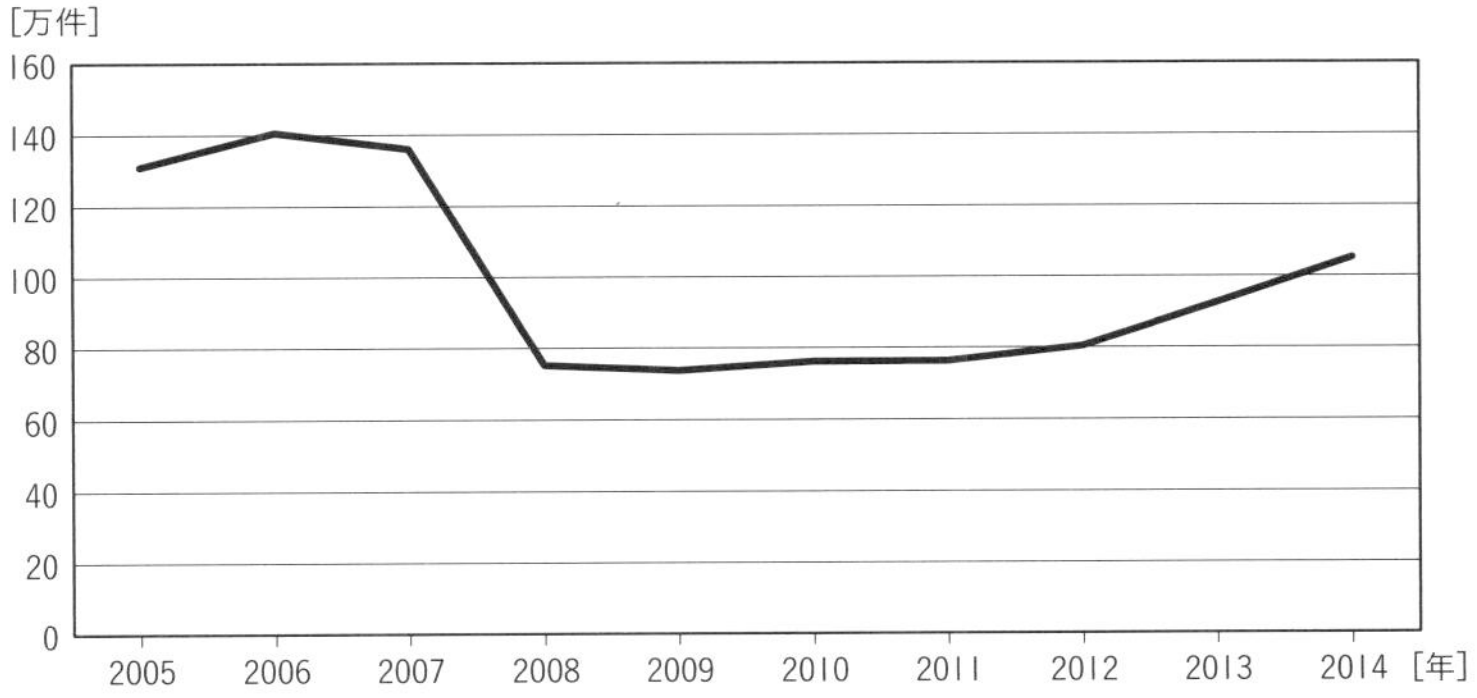

図3　4万ポンド(約600万円)以上の不動産の年間取引完了件数（出典：歳入庁ホームページ）

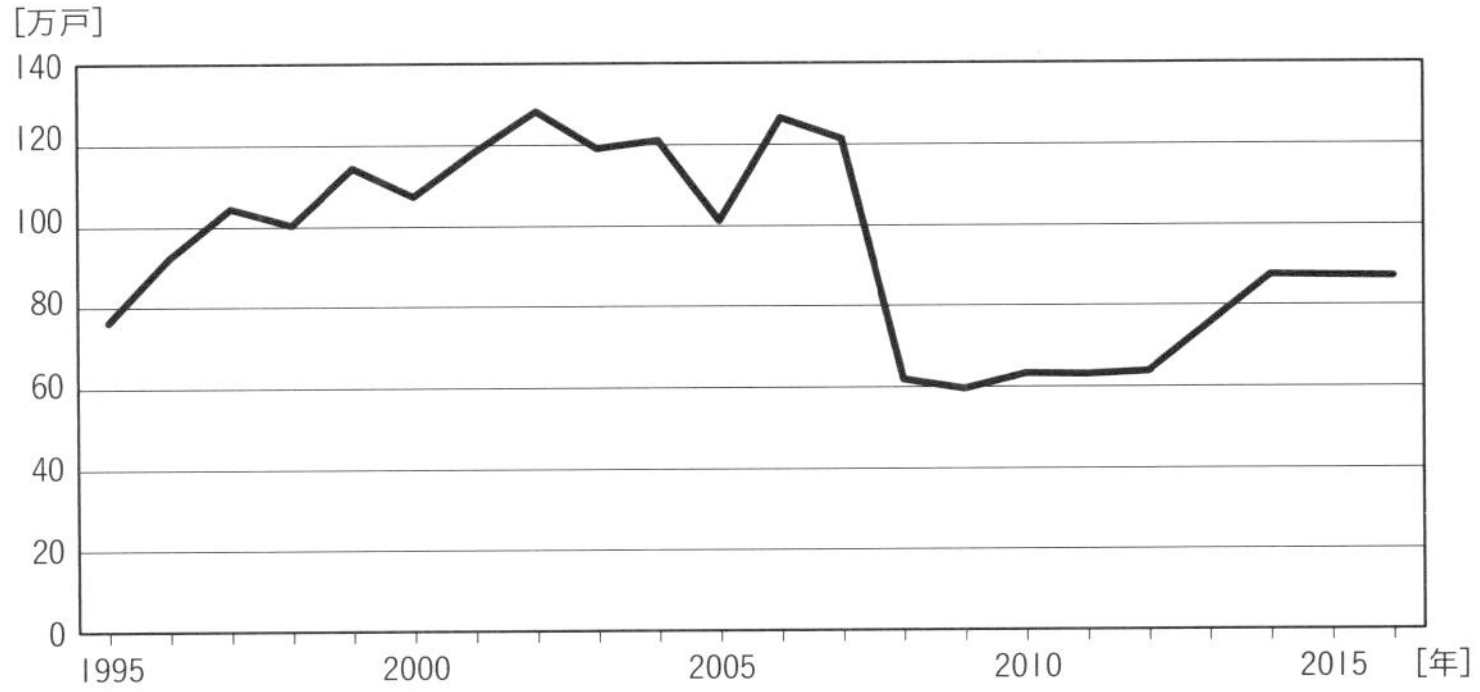

図4　住宅用不動産の売却戸数（出典：国家統計局ホームページ）

投資用物件のローンを伴うものが含まれている。[*2]

2 空き家の現状

1 空き家の統計

政府統計の中のイングランドの空き家数や空き家率は、地方自治体の課税台帳に基づいて把握されている。しかしながら、空き家問題について研究・提言している慈善団体「エンプティ・ホームズ（Empty Homes）」によれば、空き家についての公式統計は、空き家数を数えることを主目的にしていないため、限界があるとしている。[*3] たとえば、放置された課税対象にはならない家屋、地方自治体が空き家であることを把握していない家屋等は公式統計には含まれないからである。

日本の住宅・土地統計調査による空き家との違いを見ると、日本は標本調査であるが、イングランドは全数調査であること、日本では別荘などの二次的住宅は空き家になるが、イングランドでは原則空き家にならないなど範囲も異なる。

2 空き家数の推移

イングランドの空き家数の推移を公式統計より見ると、図5の通りである。

空き家数は、２００８年の78万戸をピークに減少を続けており、２０１６年は59万戸である。日

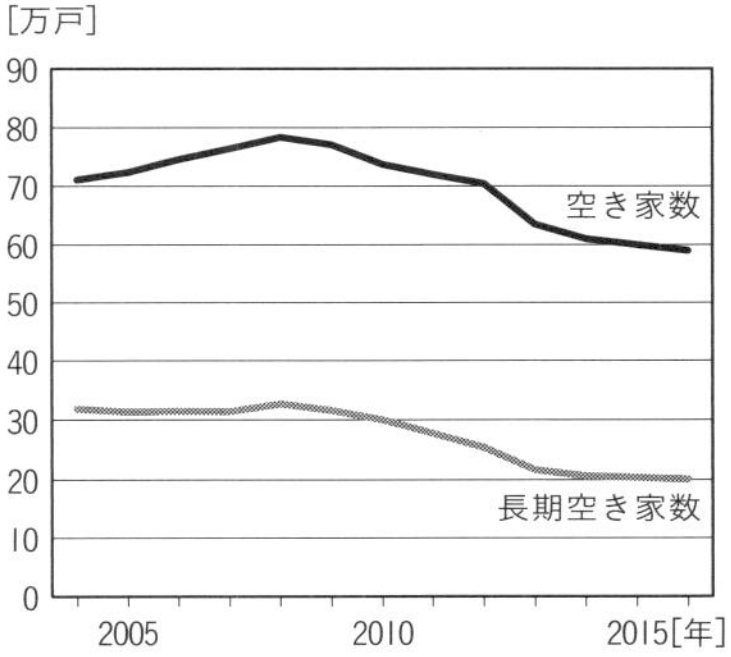

図５　イングランドの空き家数の推移
（出典：住宅・コミュニティ・地方政府省ホームページをもとに筆者作成）

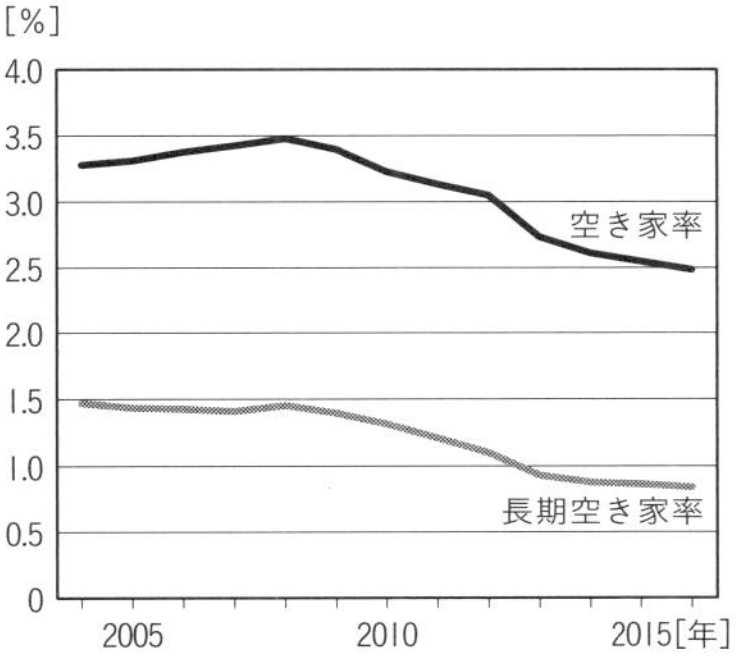

図６　イングランドの空き家率の推移
（出典：住宅・コミュニティ・地方政府省ホームページをもとに筆者作成）

本の８２０万戸とはかけ離れた状況である。

一方、６カ月以上占有されておらず、家具がほとんどない状態の長期空き家数も、２００８年の33万戸をピークに減少を続けており、２０１６年には20万戸となった。空き家数、長期空き家数とも劇的に減少している。これも日本には見られない、大きな特徴である。

次に、全住宅に占める空き家率、長期空き家率を見ると、図６の通りである。

空き家率は、２００８年の３・５％から２０１６年は２・５％に低下している。いずれにせよ、日本の13・５％（２０１３年）とはほど遠い数字である。長期空き家率も、２００４年、２００８年の１・５％から２０１６年の０・８％に劇的に低下している。

イングランドの地域別に空き家数、長期空き家数およびそれらの比率を見ると、表１の通りである。北部やヨークシャー＝ハンバーでは高く、ロンドンやその周辺の東イングランド、南東部では低い。このような地域的な

表１　イングランドの地域別空き家数と長期空き家数（2016年）

	空き家		うち長期空き家	
	戸数［戸］	空き家率［%］	戸数［戸］	長期空き家率［%］
北西部	103,397	3.2	38,969	1.2
北東部	40,579	3.4	16,328	1.4
ヨークシャー＝ハンバー	72,453	3.0	26,082	1.1
ミッドランド東部	52,609	2.6	19,044	0.9
ミッドランド西部	60,559	2.5	21,186	0.9
東イングランド	57,139	2.2	16,639	0.6
ロンドン	58,096	1.7	19,845	0.6
南西部	60,838	2.4	18,117	0.7
南東部	84,096	2.2	23,935	0.6
総数	589,766	2.5	200,145	0.8

（資料：イギリス議会下院図書館資料（2017）「空き家（イングランド）」、原資料はイギリス政府住宅・コミュニティ・地方政府省統計）

差異の背景については、次節で詳述する。

3　空き家が発生する背景・問題点

(1)空き家が発生する背景

エンプティ・ホームズは２０１６年に、空き家が多い自治体、その中でも長期空き家が集中しているエリアについて調査を行い、その結果を「なぜ空き家の多い地域があるのか」としてとりまとめている。

それによれば、比較的長期の空き家が多い自治体では、多くの場合、「家計所得が低い」「住宅価格が安い」「貧困層が多い」「１９１９年より前に建てられたテラスハウス（長屋建て住宅）が多い」といった特徴があるとしている。

また、自治体の中でも、長期の空き家が集中しているエリアでは、それに加えて、「反社会的行動が多い」「人口の変化が大きい、もしくは人の入れ替わりが多い」「犯罪が多い」「民間賃貸住宅が多い」等の特徴が

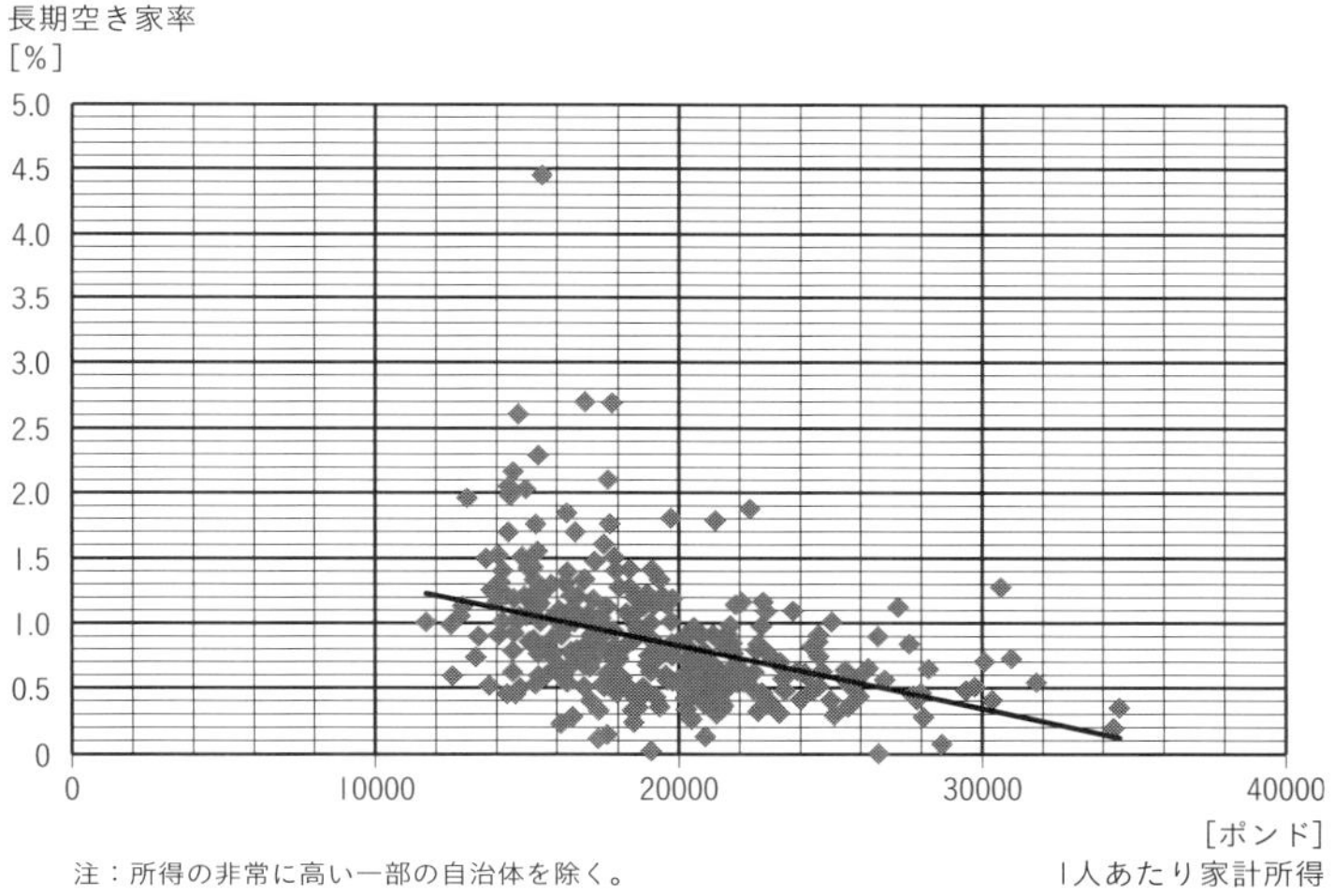

図7　家計所得と長期空き家率（2015年）
（出典：1人あたり家計所得は国家統計局のホームページによる暫定値、長期空き家率は住宅・コミュニティ・地方政府省ホームページをもとに筆者作成）

あるとしている。さらに、そうした地域では、持ち家の家主は売却して出ていってしまい、投資用物件の価格も安くなる。人の入れ替わりが激しくなると、よりよい住宅を求める人はそこには住まない。こうして「悪循環」が生じるとしている。

筆者は、日本と比較して特筆すべきは、「反社会的行動」や「犯罪」の存在であると考える。イングランドは日本に比べ全国的な空き家率は大幅に低いものの、都市内の衰退地域においては空き家が集中していることは現地調査によっても確認できた。

自治体ごとの1人あたり家計所得と長期空き家率の関係を見ると、図7の通りである。この図からは、家計所得の低さが長期空き家率の高さの要因になることが読みとれる。

さらに、長期空き家率の背景には地域の雇用動向が関係していると考えられる。すなわち、表1で長期空き家率が最も高かった北東部では、雇用が2008年の113万人から2017年の120・7万人に約7万人しか増えていない。一方、空き家率が最も低かったロンドンでは同時期に雇用が428・7万人から527・8万人と約100万人増加しており、当然住宅市場に与えた影響は異なるだろう。[*4] こうした違いの背景には、イギリスの産業構造の変化がある。

⑵空き家の問題点

2012年11月26日、当時の保守党・自由民主党連立政権のドン・フォスター、住宅・コミュニティ・地方政府省政務次官は、全国空き家会議のスピーチで「空き家は目障りな存在であり、ねずみ、ヴァンダリズム（公共物破壊）、麻薬取引、不法占拠や売春をひきつける磁石となる。近隣の人は不快な思いをし、コミュニティはダメージを受ける。王立鑑定士協会の調査では、管理が行き届かない不動産に隣接する不動産の価格は約20％下がりうる」としている。[*5]

一方、ロンドンの一部の住宅価格の上昇が活発な地域では、住宅を購入して賃貸せず、また使用もせず値上がり待ちをする「買って放置（Buy to Leave）」する動きが見られるとの指摘もある。[*6]

イングランドにおける長期空き家戸数は現在減少しており、空き家の最大の問題は、「利用可能な住宅が利用されていないこと」であり、次節で紹介する政策の重点は、「空き家をいかに市場に戻すか」にある。

3 強制力を伴う空き家対策

イギリスでは、2010年までは労働党政権、2010〜15年まで保守党と自由民主党の連立政権、2015年以降は保守党の単独政権と、政権交代の度に空き家対策の予算が削られてきた。[*7] イングランドの空き家対策は多岐にわたっており、全部を詳しく紹介する紙幅はないので、日本では事例の少ない行政による強制力を伴う施策を中心に紹介する。

1 空き家を改良する法的強制力の付与

イングランドの自治体には、次の空き家等を改良することについて法的な強制力が付与されている。

・危険または荒廃した建物または構造物
・セキュリティに問題のある不動産
・つまっている、または問題のある排水設備または民間下水
・害虫を発生させる不動産
・地域のアメニティに影響を与えている景観上問題のある土地・家屋

2 空き家プログラム（空き家を中堅所得者向け住宅に転用、連立政権下の施策）

「空き家プログラム（Empty Homes Programme）」は、アフォーダブル住宅プログラムの一部であり、空き家の再利用のための資金を別立てで準備した点で特色がある。

イギリス政府は、２０１２年12月時点ですでに１万１２００戸の空き家を利用状態に戻すための1・6億ポンド（約２４０億円）のプログラムを用意している。このうち、１億ポンド（約１５０億円）は、２０１５年までに7千戸超の空き家をアフォーダブル住宅として利用できるようにするために、住宅協会等登録された民間の供給者やコミュニティ団体に割り当てられた。残りの6千万ポンド（約90億円）は、住宅需要が少なく空き家が集中している地区の自治体に割り当てられた。以上の資金に対し、住宅協会をはじめとする登録された民間の供給者などが事業計画等を示して応募する。

また、中心市街地の空き店舗や空きオフィスなども大きな問題である。住宅需要の強い地域では、商業用不動産を用途転換して住宅を供給する取り組みも政府は推奨している。

商店やオフィスなどの空いている商業用不動産を、アフォーダブル住宅に転換するための具体的な手続きは次の通りである。

①空き家を事業者が家主から借りてまたは購入して修繕し、アフォーダブル住宅に入居する世帯に、市場家賃の80%までの家賃で賃貸する。借りた場合は、借用期間が終了した際に、住宅は元の家主に返還される。

②住宅を必要としているが、支援なしに住宅を購入することができない人々と事業者が共有する

ことによって住宅を購入することを支援する。購入者は当初25〜75%の範囲で持分を持つ。最終的には購入者は住宅全体を購入することができる。

日本の中心市街地でも、空き店舗を店舗として用いる、商店街を商店街として活性化する、という発想にとどまらず、商店街を居住誘導地域に大胆につくりかえるような考え方が重要であろう。

空き家プログラムは、2015年3月に終了し、「アフォーダブル住宅プログラム2015−2018」に引き継がれた。しかし、エンプティ・ホームズは、空き家プログラムの終了とともに、政府の支援を受けた空き家再利用のための投資が大きく落ち込んでおり、空き家プログラムの復活を提言している。

3 空き家に対する地方自治体税の重課(カウンシルタックス・プレミアムまたはエンプティホームズ・プレミアム)

イギリス議会下院図書館資料「空き家（イングランド）」（2017年）および政府の自治体向けガイドラインによれば、2013年4月1日から、自治体は長期の空き家に対し、地方自治体税を重課することもできるようになった。すなわち、2年以上占有されておらず、家具もほとんどない住宅には、通常の地方自治体税の150%まで課税することができる。重課制度を自治体として導入するか、どの住宅に課税するかは自治体の裁量である。

2017年に重課の対象となっているのは6万8988戸、うち50%割増（最大の課税）となっているものが6万514戸である。[*8]

筆者は、所有者に空き家を利用、売却、賃貸もしくは除却させ空き家のもたらす周辺への悪影響をなくすために、このような経済的手段は有効であると考える。ただ、その場合には、所有者が請求された地方自治体税を払うつもりがあることが前提であろう。

なお、2018年4月現在、重課の上限を50%から100%に引き上げる法案が議会下院で審議中であり、今後の動向が注目される。[*9]

4 空き家管理命令

イギリス議会下院図書館資料「空き家管理命令」(2016年)よれば、「空き家管理命令」は、民間の空き家を利用状態に戻すことを目標にした、自治体の裁量的な権力である。2004年住宅法では、特定の期間空き家であった住宅資産の管理を自治体が引き継ぐ条項を設けた。

空き家管理命令とは、他に手段がない場合に、空き家の所有権はそのままにして利用権だけ自治体が収用する、強力な権力行使である。当初、労働党政権下では空き家であった期間6カ月で制定されたが、保守党・自由民主党連立政権下で2年に延長された。

管理命令に進む前に、自治体は家主が任意で空き家を利用状態に戻すように、インセンティブの提供を申し出る必要がある。具体的には、補助金や融資の申し出、法律や税金のアドバイス、不動産を賃貸・売却する際の支援、都市計画や建築規制の適用に際しての支援などである。

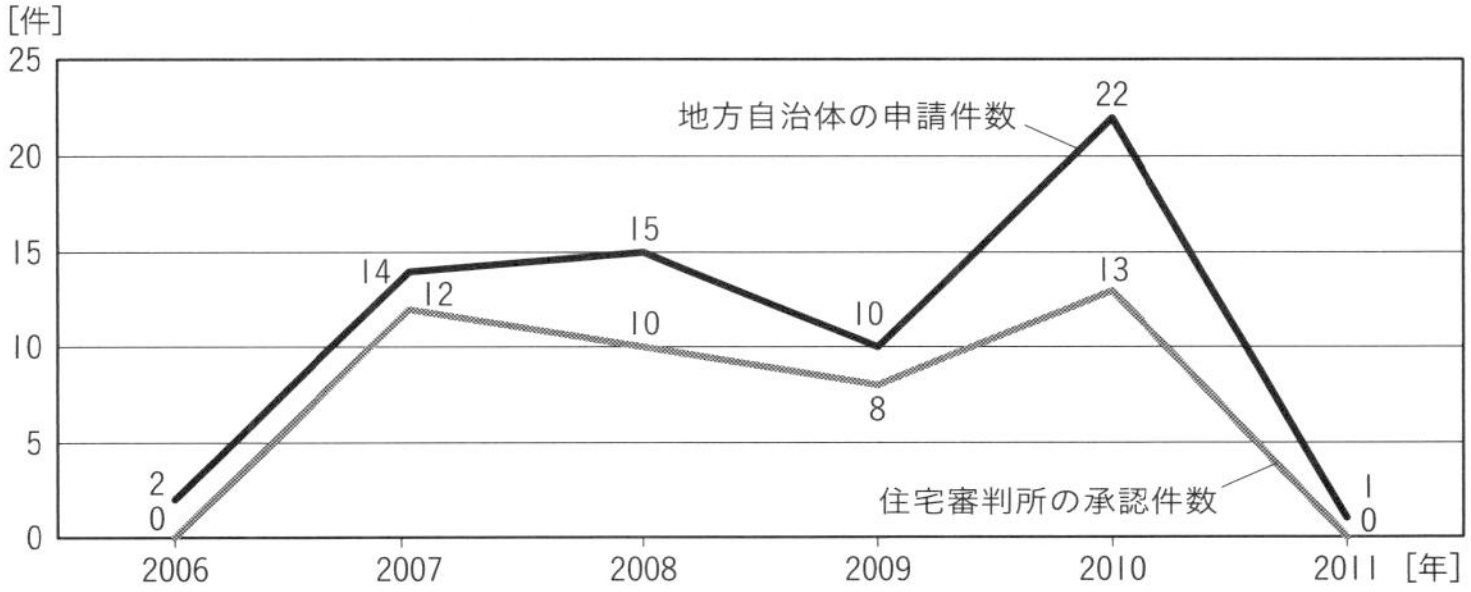

図８　空き家管理命令の件数
（出典：イギリス議会下院図書館資料(2016)「空き家管理命令」、原資料はイギリス議会における所管大臣の答弁）

自治体は空き家管理命令の発令にあたり、第三者機関である住宅審判所の承認を得なければならない。「近い将来に利用状態になる見込みがないこと」「管理命令が適用されれば、利用状態になる合理的な見込みがあること」等の要件に当てはまる場合、自治体は住宅審判所に申請することになる。

空き家管理命令には、関係権利者の書面の同意がある場合の「暫定的空き家管理命令」、関係権利者の同意の必要のない「最終的空き家管理命令」がある。

暫定的管理命令は通常12カ月間、継続する。暫定的管理命令が出された場合、自治体は第三者に占有の権利を与えるが、その前に関係権利者の書面での同意を得なくてはならない。同意が得られない場合は、同意を要しない最終的管理命令に進む。

暫定的管理命令が適用されている物件について、自治体は占有者から家賃等を徴収し、その中から住宅を適正に運営するために必要な行政コスト等の費用を捻出する。

最終的管理命令は、暫定的管理命令が終了した場合、また前の最終的管理命令が終了した場合に自治体により適用される。最終的管理命令には関係権利者の同意は必要ないが、関係権利者は住宅審判所に上訴することができる。最終的管理命令は、最長7年後に効力を失う。

なお、自治体によるこれまでの空き家管理命令の件数は、図8の通りである。空き家管理命令が最後の手段であることを反映してわずかなものになっている。

5　強制売却と強制収用

自治体が空き家を改良する強制力を用いても、所有者が空き家を自ら利用したり他人に利用させない場合、自治体は改良工事に要した費用があればその負担を所有者に求める手続きを行う。所有者が改良から発生する利益を得ないようにするためである。自治体による強制売却手続きのもとで、不動産は市場で売却される。

イングランドでは、財産の強制収用自体は以前からあるが、２００４年の計画・強制収用法によって空き家の再利用にも適用されるようになった。強制収用の目的は、空き家や低利用の資産を購入し、利用状態に戻すことであり、所有者が協力を拒否したり、所有者の協力を得ることに失敗した場合の最後の手段と考えられている。

6 空き家ネットワーク（自治体担当者等が参加するネットワーク組織）

自治体職員や、都市再生に取り組む民間事業者など空き家の再利用に携わる人々で構成される団体である。オンラインフォーラムにおいては、互いに制度の運用上の疑問を出しあい、それに対して解決策を述べあう。日本の全国空き家対策推進協議会など、空き家対策に取り組むネットワーク組織において参考になるものと思われる。

7 所有者不明土地問題への対応

(1) イングランドの登記制度

イギリスでは、土地・家屋を購入、贈与、相続、交換で取得した、抵当に入れた場合には、土地登記所に登記しなければならない。土地登記所は、ほとんどの不動産について、所有者の氏名、不動産に支払われた価格、境界図面を含めてオンライン情報として公示する。価格を登記する点、登記が義務である点は日本と異なる。登記されている土地、家屋については、登記情報、図面、洪水リスクがオンラインでダウンロードできる。この点は日本の登記情報提供サービスと同様である。

(2) 登記されていない土地

イングランドにも登記されていない土地があり、こうした土地の所有者捜しは難題である。

土地登記所のブログ「登記されていない土地の所有者を捜す」（2018年2月5日）によると、イングランド、ウェールズで、土地登記所に登記された、土地・家屋の所有権は2500万件を超えて

表2　権利が主張されていない土地のリスト(部分)

掲載日	名	姓	死亡した日	死亡した場所
2018年3月2日	ジョン	イールズ	2016年11月3日	サマセット、バーナム・オン・シー
引き続き	サミュエル	アベレックス	1992年10月25日	サウスヨークシャー、シェフィールド
引き続き	デレック	アボット	2010年5月26日	ウースターシャー、レディッチ
2016年2月5日	ヴァレリー・ドロシー	アボット	2016年1月18日	スウォンジー、モリストン

注:リストにはほかに、配偶関係、配偶者名、生年月日、別名、結婚した日、結婚した場所、国籍、宗教、離婚した日、近親や他の詳細、情報元などの項目がある。

(資料:イギリス政府ホームページ)

おり、土地・家屋の85%以上は登記されている。登記されていない15%の土地の所有者を捜すのは困難を極めるため、土地登記所では以下に挙げるような捜索方法を挙げている。

・近隣の人や隣接する土地所有者に所有者を聞いてみる。

・地元の住人に所有者を知っている人を聞いてみる。

・地元のパブや郵便局など人々がよく利用する施設で聞いてみる

・登記されていない不動産に隣接する登記された不動産について調べてみる。所有権だけではなく「他の土地」にも影響を与えた権利証やその他の文書にも言及しているかもしれない。「他の土地」には(問題の)登記されていない土地も含まれているかもしれないし、権利証や文書は相手方に言及しているかもしれない。それらが問題の土地の所有者の手がかりになるかもしれない。

・自治体の記録を調べる。

なお、登記されていない土地でも、占有者が居住していることも多い。

(3)権利が主張されていない土地

登記されていない土地以外にも、所有者が亡くなったが遺言書がなく家族もわからない土地は、所有者のいない土地として政府に渡される。

こうした土地で前の所有者がわかるもののリストが、イギリス政府のホームページ上で公開されている(表2)。親族は権利をチェックしたうえで、一定の手続きに従って権利を主張できる。

4 リバプール市の空き家を市場に戻す対策

1 人口と貧困度

リバプール市は、イングランド北西部に位置する港湾都市で、イギリス産業革命の中核を担ったところである。また、ビートルズの出身地としても有名である。リバプールは周辺の自治体とともにリバプール広域連合を形成しているが、ここでは、リバプール市の管轄範囲のみ取り上げる。

リバプール市のホームページより基本的な統計を見る。

リバプール市の人口は、国家統計局による推計で49万1500人(2017年)である。過去10年間、人口は一貫して増加している。人種的には白人のイギリス人およびアイルランド人が86・2%を占め(2011年の統計)、イングランド・ウェールズ全体と比較して高い。

次に貧困の状況を見ると、イングランドでは、約1500人で区切った地区の貧困度を、イング

リバプール市グランビー
地区の空き家

ランド全土と比較して下位1％、下位10％に入る地区がどれだけあるか、その割合などで計る。リバプール市では、下位1％に入る地区が市全体の8・6％、下位10％に入る地区が45％と、イングランドの他の大都市に比べ際立って高い（住宅・コミュニティ・地方政府省「イングランドの貧困指標2015」）。すなわち、リバプール市には貧困地区が多数存在している。これは、リバプールの主要産業であった砂糖産業や海運業が衰退し、イングランドの繁栄の中心が金融業やサービス業に依拠するロンドンや南東部にシフトしたことによる。

2 空き家の状況

リバプール市の空き家率および長期空き家率を見ると、図9の通りである。

空き家率は2009年の5・9％から2016年の4・3％へ、長期空き家率は2009年の3・1％から2016年の1・6％に大きく低下している。また、空き家戸数は

２００９年の１万２３９２戸から２０１６年の９５３５戸へ、長期空き家戸数は２００９年の６４４８戸から２０１６年の３４４９戸へと戸数ベースでも大きく減少している。ただし、イングランド全体の長期空き家率は２０１６年に０・８％であることを考えれば、相対的には高い水準である。これは先述のようにリバプール市に貧困地区が多いことと関係しているものと思われる。

現地調査によっても、空き家は市内の衰退地区に集中していると思われた。

これらの空き家の原因として、深刻な社会的貧困、不人気な住宅や低質な住宅の存在が挙げられる。したがって、空き家問題の解決策として、単に空き家のリノベーションをするだけでなく、減築することも必要である。また、こうした個々の建築物を対象とする施策にとどまらず、ブロック全体で低質な住宅を除却し高質な住宅に置き換える地区単位の施策が必要になる。さらには、貧困や地区の衰退問題そのものを解決するにはハードを対象にした施策だけでなく、雇用の創出や若い世代の流入を図るソフト面の施策も必要である。

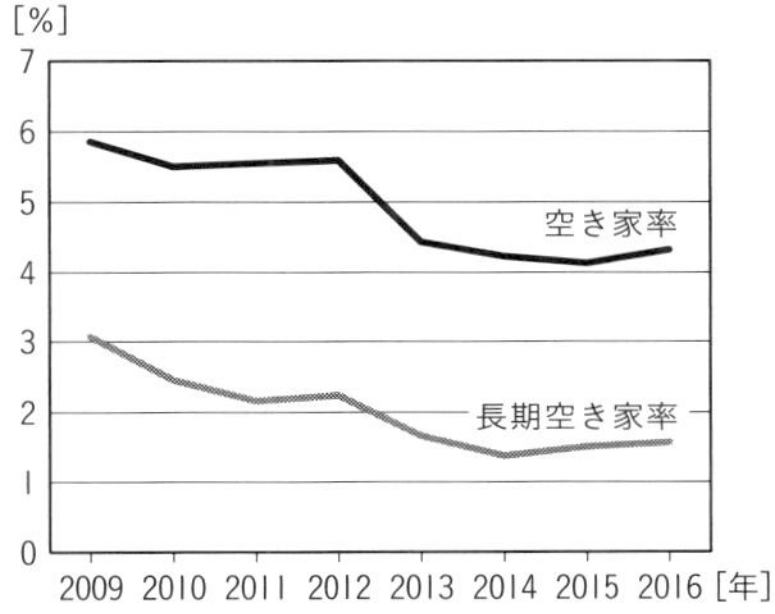

図９　リバプール市の空き家率の推移
（出典：住宅・コミュニティ・地方政府省ホームページをもとに筆者作成）

３　空き家対策

リバプール市は「長期の空き家を減らすこと」を公約にしている。ここでは、リバプール市の空き家対策の特徴である、民間賃貸住宅家主の登録制および「1ポンド住宅」について述べる。

⑴民間賃貸住宅の家主の登録制

リバプール市のホームページによれば、空き家率が高い地区と民間賃貸住宅が集中する地区とは相関が認められる。そのため、家主を登録制にすることで、民間賃貸住宅の水準を向上させる狙いがある。

⑵1ポンド住宅（Homes for a Pound）

希望する者に1ポンド（約150円）で空き家を売却し、購入者は空き家を自らの負担で改修して居住する。概要は以下の通りである。*10

①1ポンド住宅

・市が買い上げた住宅20戸を要件に見合う者に1ポンドで売却する。

・2013年4月の募集時の購入者の条件は、リバプールに在住または在勤していること、住宅を初めて購入する者であること、有職者であることである。この制度で購入した者は最低5年間はその住宅に居住しなければならず、またその住宅を賃貸してはいけない。

・20戸すべてが入居している。

・効果としては、長期空き家に民間投資を引き入れたこと、その地域で行われている他の都市再生プログラムを補完したこと、住宅ローンの貸し出し条件により住宅市場から排除されていた人々に住宅所有の道を開いたことが挙げられる。

リバプール市ウィーヴァートリー地区の空き家。左端２戸が１ポンド住宅で再利用されたもの

・このパイロットプロジェクトの成功で、法律手続き等その後の展開のモデルができた。

②１ポンド住宅プラス

１ポンド住宅の成功を受けて、その拡張を図る形で計画された。

・ピクトン地域の自治体所有の空き家１５０戸を対象としている。
・特に状態の悪いものは、１ポンド住宅プラスの対象とするため、躯体の補修工事に着手する。
・自己資金で改修できない応募者に金融的な支援をする制度を設ける。
・２０１５年８月に見学会を開催し、２５００を超える応募があった。
・２０１６年９月に最初の住宅が引き渡された。
・現在（２０１８年４月）の進捗状況は以下の通りである。

工事が完了したもの……………15件
工事中……………………………25件

法律的な手続きが完了しつつある……20件
募集中の住宅…………………………8件

さまざまな空き家対策が実施されてきたリバプール市では、2017年、市長が「2018年からの3年間でさらに3000戸の空き家を利用状態に戻す」という新たな目標を設定した。

5 学ぶべき行政主導の空き家管理

イングランドの空き家問題の本質は都市内の衰退地区問題である。日本のように、過疎問題が大きく影響している状況とは本質的に異なる。

イングランドと日本では、人口動向等の前提条件が大きく異なっていることから、イングランドの施策すべてを現在の日本に当てはめようとしても無理がある。しかしながら、すでに類似の施策が行われているものもあるし、将来に実施すべく前提条件そのものを変えていく必要があるものもある。本節ではイギリスの取り組みから日本が参考にすべき点を長期的な展望まで交えて論じる。

1 前提条件の違い

(1)人口動向

イングランドでは人口は増加しているが、日本では将来的に大きく減少することが見込まれる。

⑵私権の強さ

イングランドでは、地方自治体税における空き家の重課制度、空き家管理命令など政府の強制力の強さが際立っている。一方、日本は私権が強いため、空家等対策特別措置法（２０１４年）で行政代執行など強制的な手続きの対象になっているもの、また固定資産税の住宅用地の特例撤廃の対象になっているものも、特定空家等に限られている。

2 日本において適用が考えられる施策と留意点

次に、イングランドにおいて行われている施策で日本でも適用が可能と考えられる施策とそれにあたっての留意点を述べる。

⑴空き家管理命令のうち暫定的空き家管理命令の適用（同意の得られるもの）

空き家の所有者の中には、行政が借りて管理してくれるのであれば、貸すことに同意する者もいると考えられる。利用用途は、住宅に限らず、保育園や介護施設など幅広く地域のニーズに適合したものでよい。所有者の自発的な申し出を待つのではなく、行政サイドから働きかけることが重要である。

⑵特定空家等に対する固定資産税の重課

特定空家等に対しては、住宅用地の特例が撤廃されたところであるが、イギリスの地方自治体税を参考に、自治体の裁量により、たとえば5割増しなどの重課も考えられるのではないか。もちろん、他の特定空家等に比して周辺への悪影響が著しいものに限る等の措置をとることも考えられる。

3 将来的に日本が考えるべきこと

以下に長期的な課題を述べる。

(1)テレワークの促進等による一極集中の緩和

テレワークの促進により、東京大都市圏の生産性を地方の大都市圏に反映できれば、一極集中の緩和につながると考えられる。これには、もちろん子どもの教育環境や医療環境も伴わなければならない。日本の空き家は人口移動に起因する部分が大きく、一極集中の緩和は、地方の大都市圏の空き家問題の対策にもなるものと思われる。

(2)活用と減築

古民家や町家、土蔵の中には、住宅や飲食店として活用されているものもある。こうしたものは、日本語や英語で情報発信し、国内外から居住者や利用者を募るのがよい。改良することで利用可能な空き家は積極的にリノベーションすべきで、そのための資金を支援するしくみは重要であろう。

ただ同時に、老朽化した空き家や利用できない土地に立地する空き家、現在の住宅と比べて耐震性・省エネ性で大きく劣る空き家の取り壊しは避けられず、取り壊しを安価に行うための技術開発も必要である。

(3)私権制限

イングランドの空き家率は日本よりかなり低いにもかかわらず、公権力によって強制的な措置が実施されている。一方、日本では、行政が空き家（私有財産）を扱う場合に慎重である。私権についての考え方がイングランドと違うからである。バブル時に制定された土地基本法（1989年）の第2条に「土地については、公共の福祉を優先させるものとする」とあるが、その精神が日々の現実に反映されているとは言いがたい。今一度、土地についての私権制限のあり方について考える時期が来たようである。

注

＊1　2017年秋予算についてのイギリス政府説明資料

＊2　詳細は国家統計局ホームページを参照。

＊3　エンプティ・ホームズ（2017）

＊4　国家統計局ホームページ

＊5　イギリス政府ホームページ

＊6　エンプティ・ホームズ（2017）およびエンプティ・ホームズ（2018）

＊7　エンプティ・ホームズへのヒアリング

＊8　イギリス政府ホームページ

＊9　イギリス議会ホームページ

＊10　リバプール市ホームページおよびリバプール市資料による。

参考文献

・イギリス議会（UK Parliament）ホームページ
・イギリス議会下院図書館資料（２０１６）「空き家管理命令（EDMOs）」(Wilson, Wendy (2016) Empty Dwellings Management Orders (EDMOs))
・イギリス議会下院図書館資料（２０１７）「空き家（イングランド）」(Wilson, Wendy, Hannah Cromarty and Vyara Apostolova (2017) Empty Housing (England))
・イギリス政府（UK Government）ホームページ
・イギリス政府土地登記所ブログ「登記されていない土地の所有者を捜す」（２０１８年2月5日）
・エンプティ・ホームズ（Empty Homes）ホームページ
・エンプティ・ホームズ（２０１６）「なぜ空き家の多い地域があるのか」(Empty Homes (2016) Empty Homes :why do some areas have high levels?)
・エンプティ・ホームズ（２０１７）「イングランドの空き家」(Empty Homes (2017) Empty Homes in England)
・エンプティ・ホームズ（２０１８）「イングランドの空き家」(Empty Homes (2018) Empty Homes in England)
・エンプティ・ホームズ・ネットワーク（Empty Homes Network）ホームページ
・国家統計局（Office for National Statistics）ホームページ
・コミュニティ・地方政府省（当時）（２００６）「空き家管理命令についてのガイダンス」(Department for Communities and Local Government (2006) Guidance Note on Empty Dwellings Management Orders)
・歳入庁（Her Majesty's Revenue and Customs）ホームページ
・住宅・コミュニティ・地方政府省（Ministry of Housing, Communities and Local Government）ホームページ（２０１７年秋予算についてのイギリス政府説明資料等を含む）
・リバプール市（Liverpool City Council）ホームページ
・リバプール市（２０１５）1ポンド住宅プラス等に関する資料
・リバプール市アンソニー・マウスデール氏へのヒアリング、メールのやりとり
・総務省統計局「住宅・土地統計調査」

6

韓国
スピード感のある空き家整備事業

周藤利一

1 住宅市場と空き家の現状

1 住宅の区分と統計

(1) 持ち家と借家

韓国においても、住宅を論じる際には所有関係に基づいて「持ち家」と「借家」とに分けるのが通例である。持ち家は韓国語では「自家」と表記するが、その概念は日本と異なるところはない。

一方、特異なのは借家である。民営の借家には「傳貫《チョンセ》」と「月貫《ウォルセ》」の二つがある。傳貫は、入居者が予め家主に傳貫金を支払って入居し、入居期間中は家賃を支払わないものを言う。傳貫金は日本で言う保証金であり、その水準は住宅市場の動向に左右されるが、概ね所有権価格の5～8割を支払う。契約期間が終了する際には、傳貫金が利子を付けずに返還される。契約の更新はないため、引き続き居住することを家主と合意できた場合には新たな契約を結ぶこととなる。その際の傳貫金は、その時点の相場に基づき改めて当事者間で決定される。家主は傳貫金を運用することで得られる利益を自己の収入としたり、傳貫金自体を新たな住宅投資の用途に充てたりする。なお、民営の借家の居住者を保護するために1981年に施行された住宅賃貸借保護法では、傳貫の最低存続期間が2年と定められている。

それに対して、月貫は、傳貫よりは少額の保証金と毎月の家賃を支払って、傳貫と同様、一定期

ソウル市城北《ソンブク》区の老朽長屋建て住宅（一番左は空き家）

間の契約により居住するものである。近年、保証金なしで月払いのみの月貰も見られるようになっているが、保証金付きよりは低水準の借家であるのが一般的である。

傳貰が圧倒的に多かったかつての状況は変化しており、２００１年頃から傳貰住宅の「月貰化」が進んでいる。これは、ベビーブームの若年世帯が増えて、相対的に所得水準の低い彼らが多額の一時金である傳貰金を必要とする傳貰住宅を忌避していることなどがその要因とされている。

⑵住宅の用途区分

日本の建築基準法に当たる建築法では、「住宅」という用語の定義はなされていないが、建築物の用途の区分として「単独住宅」と「共同住宅」が規定されている。単独住宅には、戸建て住宅、多家口住宅が、共同住宅には、アパート、連立住宅、多世帯住宅が含まれる。アパートは住宅として使用される階数が５階以上のもの、連立住宅は住宅として使用される延べ面積が６６０平方メートル超で階数が４階以下のもの、多世帯住宅は住宅として使用される延

表1　人口住宅総調査における住宅の定義

居所		人が居住しているあらゆる場所を総称し、構造的に分離され、独立した一つの居住単位。居所は住宅と住宅以外の居所に区分される。
	住宅	一世帯が住むことができるよう建てられた家で、①恒久建物、②一以上の部屋と台所、③独立した出入口、④慣習上、所有または売買の一単位という要件を備えたものを言う。 類型としては、戸建て住宅、マンション、連立住宅、多世帯住宅、非居住用建物内住宅がある。
	住宅以外の居所	住宅の要件を備えない居所で、人が住んでいる場所。類型としては、オフィステル[注]、宿泊業所の客室、集団施設などがある。

注：オフィステルとはソウルなど大都市の住宅不足対策として導入された類型であり、都市計画上は住宅の立地が許容されない商業系用途地域内で例外的に建築が認められる建築物である。外見は商業・業務ビルと同じだが、内部はベランダやバルコニーを除き、台所、浴室などの居住用設備が設けられており、マンションの住戸と違いはない。

べ面積が660平方メートル以下で階数が4階以下のものである。

アパートには、日本の区分所有法に当たる集合建物の所有および管理に関する法律が適用され、実態としては日本のマンションと相違するところが少ないので、便宜上、以下ではマンションと表記する。

(3)住宅統計

日本の住宅・土地統計調査に当たるのが、統計庁調査管理局人口総調査課が実施している住宅総調査である。実務上は人口総調査と合わせて実施されるので、調査票には人口住宅総調査と表示される。この調査は、統計法に基づき実施される指定統計であり、住宅の定義は表1に示す通りである。

調査方法の詳細は人口住宅総調査規則に定められているが、大きく全数調査と標本調査に分けられる。全数調査では、行政資料を活用した登録センサスを実施する。韓国では行政情報の電子化が進んでおり、また、行政機関の電子情報の利用に関する法律に基づいて各省庁間の情報の流通が円滑に行われていることから、行政情報を活用した電子的なセンサスの実施が可能になっている。韓国では電子化が進んでいること、国民総背番号制が導入されていることなどから、現時点では日本のような所有者不明土地問題は韓国では認識されていない。一方、標本調査は訪問面接調査であるが、インターネット調査をまず実施し、この調査に応じない世帯を対象に訪問面接調査を実施している。

調査時点は11月1日を基準として、調査の周期は全数調査が1年、標本調査が5年である。調査項目は、全数調査では居所の種類、居住用延べ面積、建築年度、敷地面積であり、標本調査では居所の種類、総部屋数、居住設備、居住用延べ面積、建築年度、敷地面積、居住期間、建物階数および居住階数、駐車場所、他に住宅を所有しているか否かである。

2 住宅ストックおよび空き家の状況

(1) 住宅ストックの状況

２０１６年時点の韓国の人口・世帯数・住宅数の地域別の状況は、表2の通りである。

ソウル特別市、仁川《インチョン》広域市、京畿道《キョンギド》が韓国の首都圏であるが、日本の首都圏以上に人口や住宅が集中している。そのうちソウルのシェア（構成比）を見ると、人口より世帯数の数値が高い一方で、住宅数の数値が低い。すなわち、ソウルは他の地域と比較して小規模世帯が多く、住宅需給が相対的にタイトな状況であることを示している。

次に、同年の住宅の類型と平均床面積をまとめたものが表3で、韓国では戸建て住宅よりもマン

表 2　韓国の人口・世帯数・住宅数

地域	人口［人］	構成比［%］	世帯数［世帯］	構成比［%］	住宅数［戸］	構成比［%］
全国	51,269,554	100.0	19,837,665	100.0	16,692,230	100.0
首都圏	25,390,486	49.5	9,647,635	48.6	7,603,763	45.6
ソウル特別市	9,805,506	19.1	3,915,023	19.7	2,830,857	17.0
釜山広域市	3,440,484	6.7	1,357,230	6.8	1,174,034	7.0
大邱広域市	2,461,002	4.8	945,483	4.8	761,054	4.6
仁川広域市	2,913,024	5.7	1,085,407	5.5	958,072	5.7
光州広域市	1,501,557	2.9	575,918	2.9	494,547	3.0
大田広域市	1,535,445	3.0	596,752	3.0	474,193	2.8
蔚山広域市	1,166,033	2.3	435,829	2.2	361,273	2.2
世宗特別自治市	242,507	0.5	91,854	0.5	86,607	0.5
京畿道	12,671,956	24.7	4,647,205	23.4	3,814,834	22.9
江原道	1,521,751	3.0	621,943	3.1	575,967	3.5
忠清北道	1,603,404	3.1	630,578	3.2	568,567	3.4
忠清南道	2,132,566	4.2	836,296	4.2	776,746	4.7
全羅北道	1,833,168	3.6	734,037	3.7	692,563	4.1
全羅南道	1,796,017	3.5	737,423	3.7	755,044	4.5
慶尚北道	2,682,169	5.2	1,093,211	5.5	1,009,941	6.1
慶尚南道	3,339,633	6.5	1,299,027	6.5	1,151,057	6.9
済州特別自治道	623,332	1.2	234,449	1.2	206,874	1.2

（出典：統計庁「2016 人口住宅総調査全数集計結果付録表」2017 年 8 月 31 日をもとに筆者作成）

表 3　韓国の住宅類型と居住世帯数・平均床面積

住宅類型	全国		ソウル	
	居住世帯数［世帯］	平均床面積［m²］	居住世帯数［世帯］	平均床面積［m²］
計	18,964,758	69.0	3,704,371	62.2
戸建て住宅	6,640,254	65.9	1,141,659	50.7
マンション	9,421,580	75.8	1,589,191	78.3
連立住宅	431,724	68.5	109,399	73.6
多世帯住宅	1,787,589	50.3	654,101	48.1
非住宅	316,461	66.3	80,569	47.1
オフィステル	367,150	43.7	129,452	36.1

（出典：統計庁「2016 人口住宅総調査全数集計結果付録表」2017 年 8 月 31 日をもとに筆者作成）

表4　韓国の空き家数と空き家率の地域別推移

地域	2000年		2005年		2010年		2016年	
	空き家数［戸］	空き家率［%］	空き家数［戸］	空き家率［%］	空き家数［戸］	空き家率［%］	空き家数［戸］	空き家率［%］
全国	513,059	4.5	727,814	5.5	793,848	5.4	1,120,207	6.7
ソウル特別市	56,642	2.9	79,800	3.4	78,702	3.1	94,668	3.3
釜山広域市	25,031	3.0	53,661	5.5	40,957	4.0	85,333	7.3
大邱広域市	14,223	2.6	18,192	3.0	29,766	4.3	36,932	4.9
仁川広域市	18,053	2.9	36,049	5.0	41,437	5.0	52,941	5.5
光州広域市	13,741	4.1	12,993	3.4	17,534	3.9	29,127	5.9
大田広域市	12,814	3.8	16,267	4.3	17,279	4.1	26,238	5.5
蔚山広域市	9,673	4.0	14,017	5.1	15,646	5.0	20,965	5.8
京畿道	80,720	3.8	126,581	4.6	154,099	4.8	167,830	4.4
江原道	38,349	8.4	48,077	9.9	52,218	9.7	55,709	9.7
忠清北道	26,492	6.3	32,174	7.1	37,251	7.3	56,014	9.9
忠清南道	48,245	8.2	51,401	8.1	60,016	8.4	80,152	10.3
全羅北道	32,064	5.3	44,696	7.5	44,526	7.0	73,696	10.6
全羅南道	39,955	6.2	53,653	8.0	56,574	8.2	102,257	13.5
慶尚北道	50,104	6.1	62,650	7.1	75,116	6.3	107,862	8.6
慶尚南道	41,711	5.1	67,396	7.1	64,998	6.3	98,899	8.6
済州特別自治道	5,242	4.1	10,217	6.7	7,729	4.9	21,469	10.4

注：2016年の合計には、忠清南道に新たに設置された世宗特別自治市の空き家数を含む。

（出典：統計庁「人口住宅総調査」各年版をもとに筆者作成）

ションの床面積が広い点が特徴である。[*1]これは、戸建て住宅の中に狭小な老朽不良住宅が多く含まれており、これらが密集する地域がソウルをはじめとする人口の多い都市に存在することを反映したものである。

(2) 空き家の状況

韓国の空き家数の推移を地域別に整理したものが、表4である。全国的に空き家数が着実に増加しており、しかも2010年から2016年にかけて、つまり近年に急激に増加していることがわかる。これは、韓国社会の少子化傾向に伴う人口増加率の低下と、長期的な景気低迷に伴う婚姻率の低下を反映したものと言えよう。

表５　空き家となっている理由と戸数　［単位：戸］

行政区域	住宅類型	空き家となっている理由							
		総数	引っ越し	分譲売れ残り	補修中	一時的利用	廃屋（撤去対象含む）	営業用	その他
全国	計	1,068,919	511,453	158,442	27,847	246,808	79,425	34,088	10,856
	戸建て住宅	261,317	78,336	6,266	3,974	118,331	50,292	2,420	1,698
	マンション	571,235	288,925	118,795	18,084	95,769	17,872	25,961	5,829
	長屋建て	54,490	29,389	6,136	1,234	11,628	3,860	1,084	1,159
	多世帯住宅	166,127	108,967	26,485	3,884	17,181	5,768	1,824	2,018
	非居住用建物	15,750	5,836	760	671	3,899	1,633	2,799	152
ソウル特別市	計	79,049	37,656	17,659	3,542	6,934	7,384	4,494	1,380
	戸建て住宅	2,587	814	93	165	226	1,208	46	35
	マンション	43,695	18,169	10,879	2,277	4,330	3,424	3,623	993
	長屋建て	4,819	2,840	261	212	407	747	212	140
	多世帯住宅	27,387	15,635	6,408	831	1,930	1,826	545	212
	非居住用建物	561	198	18	57	41	179	68	—

（出典：統計庁「2015 住宅総調査・住宅種類別／空き家事由別／期間別／破損程度別空き家－市道」をもとに筆者作成）

表６　空き家となっている期間と戸数　［単位：戸］

行政区域	住宅類型	空き家となっている期間				
		総数	３カ月未満	３カ月以上６カ月未満	６カ月以上12カ月未満	12カ月以上
全国	計	1,068,919	446,916	177,106	140,516	304,381
	戸建て住宅	261,317	36,959	28,124	40,835	155,399
	マンション	571,235	290,481	105,712	68,362	106,680
	長屋建て	54,490	20,772	10,808	8,438	14,472
	多世帯住宅	166,127	95,178	29,789	20,126	21,034
	非居住用建物	15,750	3,526	2,673	2,755	6,796
ソウル特別市	計	79,049	51,583	12,103	6,562	8,801
	戸建て住宅	2,587	829	622	433	703
	マンション	43,695	28,967	5,816	3,603	5,309
	長屋建て	4,819	2,432	853	497	1,037
	多世帯住宅	27,387	19,134	4,670	1,923	1,660
	非居住用建物	561	221	142	106	92

（出典：統計庁「2015 住宅総調査・住宅種類別／空き家事由別／期間別／破損程度別空き家－市道」をもとに筆者作成）

表7　空き家の破損程度と戸数　［単位：戸］

行政区域	住宅類型	破損の程度			
		総数	破損なし	一部破損	半分以上破損
全国	計	1,068,919	965,765	68,337	34,817
	戸建て住宅	261,317	182,712	49,464	29,141
	マンション	571,235	558,762	9,947	2,526
	長屋建て	54,490	50,739	2,689	1,062
	多世帯住宅	166,127	160,510	4,338	1,279
	非居住用建物	15,750	13,042	1,899	809
ソウル特別市	計	79,049	75,071	2,802	1,176
	戸建て住宅	2,587	1,586	640	361
	マンション	43,695	42,866	620	209
	長屋建て	4,819	4,209	431	179
	多世帯住宅	27,387	26,023	993	371
	非居住用建物	561	387	118	56

（出典：統計庁「2015住宅総調査・住宅種類別／空き家事由別／期間別／破損程度別空き家－市道」をもとに筆者作成）

続く表5は、2015年時点の全国とソウルにおける空き家の戸数を住宅の類型別および理由別に一覧にしたものである。このうち、「一時的利用」とは別荘など管理主体が継続的に居住していない住宅であり、「営業用」とは居住用として使用されていない住宅と定義されている。韓国の借家契約では更新がないため、頻繁に引っ越しが行われる。このため、空き家となっている最大の理由が引っ越しである点が、日本と比較した場合の特徴である。

また、2015年時点における空き家の戸数を住宅の類型別および期間別に一覧にしたものが表6である。全住宅の合計で見ると、1年以上空き家になっている割合は全国で3割程度、住宅需給がタイトなソウルでは1割強であり、長期の空き家は相対的に少ないことがわかる。全国の戸建て住宅の空き家のうち約6割が1年以上空き家になっていることが注目されるが、首都圏への一極集中に伴う地方圏の過疎化の進行を反映した数値だと言える。

さらに、２０１５年時点における空き家の戸数を住宅の類型別および破損程度別に一覧にすると表7の通りである。一部破損＋半分以上破損の割合を全国ベースで見ると、戸建て住宅が30％に達するのに対してマンションは２％強に過ぎない。

3 空き家問題の現状

(1)空き家問題の背景

前節の表４で見たように、２０１６年の全国の空き家戸数は１１２万戸で、空き家率は６・７％に達している。日本よりも低水準ではあるものの、１９９５年に36万戸だった空き家戸数は少子化と高齢化を背景に10年間で3倍近くにまで増加し、地方圏を中心に深刻化している。

韓国で認識されている空き家の問題点としては、犯罪者や非行青少年の隠れ場所になったり、長期間放置されることにより火災の危険性が高まるなど地域の安全が脅かされることが挙げられる。[*2]また、空き家が生じることで近隣の居住環境が悪化し、コミュニティの空洞化につながることも憂慮されている。

こうした現象の進展に伴い、個々の空き家を整備する必要性が大きくなったが、住宅を大量供給することを目的とした再開発や建替えなどの大規模整備事業に押されて社会の関心を集めることができなかった。[*3]先の表3でわかるように、韓国では日本と異なり、戸建て住宅の平均床面積が共同住宅よりも狭く、その傾向はソウルで顕著である。その要因は「月の村」[*4]と呼ばれる老朽不良住宅地が存在するためである。その撤去と居住環境の改善のために再開発事業が重点的に実施されてきた経緯から、個々の住宅の事情に政策的な関心が払われてこなかったという背景がある。

⑵空き家問題と都市の衰退

チョン・ヨンミ、キム・セフン（２０１６）によれば、韓国では空き家問題が都市の衰退と結びつけて論じられており、その全体像は図１に示す通りである。すなわち、空き家は都市衰退の結果として発生することもあれば（フロー①）、その逆にさらなる都市衰退を引き起こす原因としても作用するものでもあり（フロー②）、反復・累積する悪循環のループを形成することとなる。

都市の衰退は環境的・物理的、社会的・文化的、経済的・制度的な側面の多様な要素の複合作用に起因しており、それらはまた、空き家発生の基盤となる。そして、それらの関連する要素は、規模や影響力の範囲に応じてマクロ的・ミクロ的な側面に区分することができる。

さらに、都市の衰退と空き家の発生の間には、相互フローを誘発する中間段階が存在する。衰退する市街地において空き家が発生するまでには、居住者の移住の意思決定過程を必ず経なければならない。同一の地域内で同一類型の住宅に居住している住民の中でも、継続してその住宅にとどまる者もいれば、別の場所に出ていく者もいる。その意思決定の結果発生する空き家の大部分が長期的に放置されるため、一時的な空き家とは異なり、都市問題を量産することとなる。その際、空き家が維持管理されているか否かが、さらなる都市衰退の進行、すなわち下降的悪循環の発生の度合

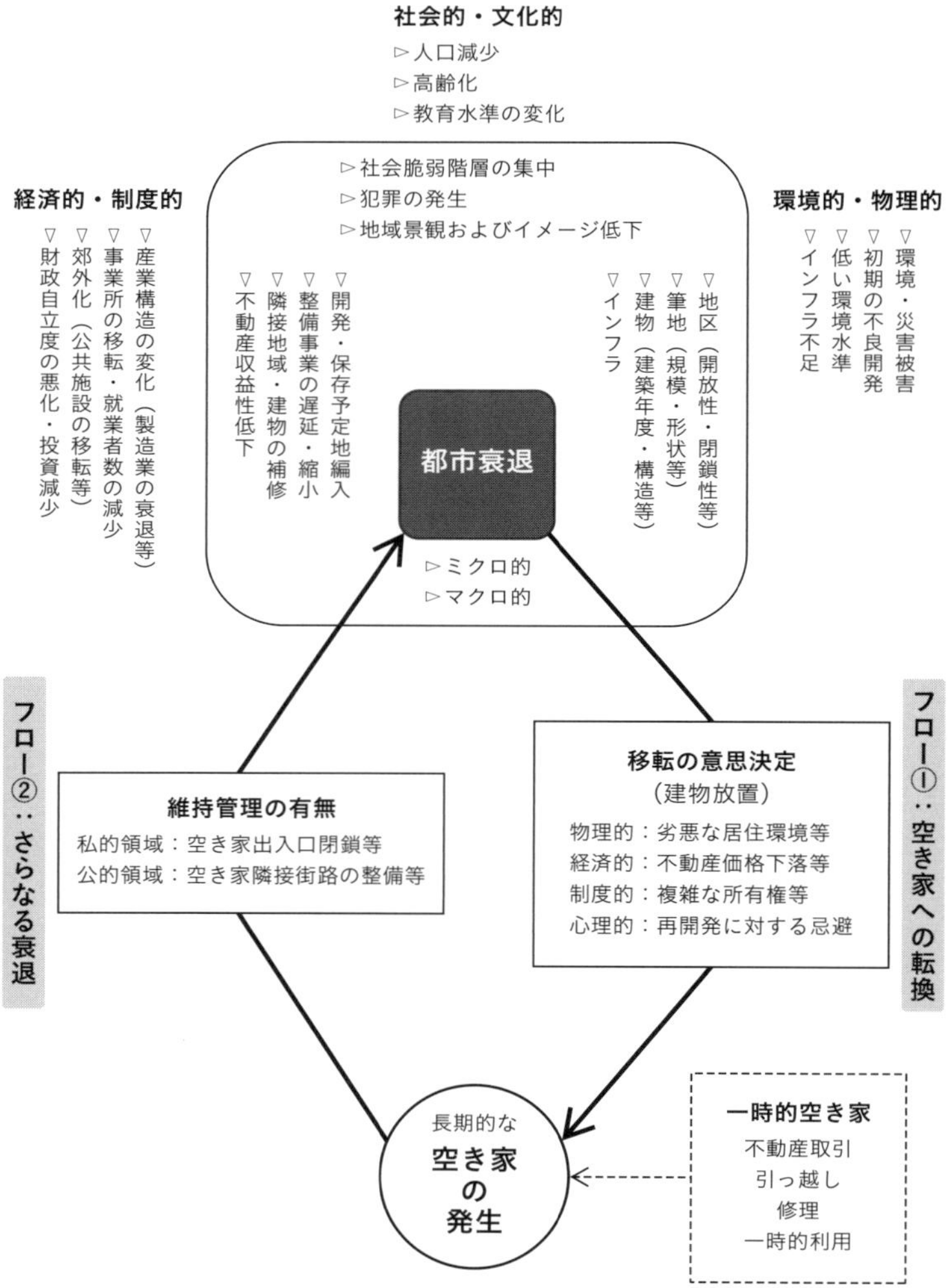

図1　都市の衰退および空き家の発生のメカニズム
（出典：チョン・ヨンミ、キム・セフン（2016）中の図をもとに筆者作成）

を決定づける重要な要素となる。

2 空き家整備の事業手法を立法化

1 空き家対策の立法化

韓国政府は、日本の建築基準法に相当する建築法を２０１６年１月19日に改正し、次のような空き家対策を初めて立法化した。

基礎自治体[*5]の長は、１年以上誰も居住または使用していない住宅または建築物が公益上有害な場合や都市美観・住居環境に著しく障害になる場合、住居環境または都市環境改善のためにインフラを整備する必要がある場合には、建築委員会の審議を経て、空き家所有者に対し撤去等必要な措置を命じることができる。この場合、所有者は、特別な理由がない限り、60日以内に措置を履行しなければならない。

基礎自治体の長が空き家の撤去を命じたにもかかわらず、所有者が正当な理由なく従わない場合や、所有者の所在を知ることができない場合には、職権で撤去することができる。この場合、所有者に対しては、正当な補償が支払われる[*6]。

2 小規模住宅整備法と空き家整備事業

(1)法制定の経緯と特徴

さらに、建築法の改正だけでは不十分であるとして、議員立法により空き家および小規模住宅の整備に関する特例法（略称：小規模住宅整備法）が2018年2月9日から施行されている。

この法律では、「空き家」を、地方自治体の長が居住または使用の有無を確認した日から1年以上誰も居住または使用しない住宅と定義している。

大きな特徴は、第一に空き家だけでなく老朽・不良建築物も対象としていること、第二に空き家や老朽・不良建築物の整備のための事業手法を新たに導入したことである。これは、再開発やマンション建替えなど都市の再整備を一元的に規律する都市および住居環境整備法[*7]が規定していた街路住宅整備事業と小規模再建築事業を移管したうえで、事業手続きを簡素化し、建築規制の緩和や支援などのインセンティブを拡充したものである。日本の空家等対策特別措置法と比較すると、事業法としての性格が強い。

(2)空き家整備計画

市長・郡守等[*8]は、空き家を効率的に整備または活用するために、空き家整備の基本方向、空き家整備事業の推進計画および施行方法、空き家整備事業に必要な財源調達計画を含む空き家整備計画を策定して施行することができる。

(3)空き家等の実態調査

市長・郡守等は、空き家または空き家と推定される住宅（以下、空き家等）に対し、次の事項に関する実態調査を実施することができる。

①空き家の有無の確認
②空き家の管理状況および放置期間
③空き家所有権等の権利関係の状況
④空き家およびその敷地に設置された施設または人工構造物等の状況など

実態調査では、必要に応じて空き家やその敷地に立ち入ることができ、住民登録電算情報（住民登録番号、外国人登録番号等の固有識別番号を含む）、国税、地方税、水道・電気料金等の資料・情報を収集・利用することができる。

(4)空き家情報システム

広域自治体の長は[*9]、実態調査の結果に基づいて空き家を効率的に整備するための情報システム（空き家情報システム）を構築することができ、関係行政機関の長や公共機関の長に対し、システム構築のために必要な資料や情報の提供を要請することができる。要請を受けた機関の長は、特別な理由がない限り、これに応じなければならない。

また、広域自治体の長は、事故または犯罪発生等を予防するために必要な場合には、空き家情報システムで処理した空き家情報を関係行政機関の長または公共機関の長に提供することができ、空き家を活用する目的の範囲内で所有者が同意した場合には、空き家情報システムで処理した情報をインターネットなどを通じて公開することができる。

⑸空き家整備事業の施行方法

空き家整備事業は、次のいずれかに該当する方法により行う。

①空き家の内部空間を仕切る方法または壁紙、天井材、床材等を設置する方法

②空き家を撤去せず、改築、増築、大規模修繕または用途変更する方法

③空き家を撤去する方法

④空き家を撤去した後に住宅等建築物を建築し、または整備基盤施設および共同利用施設等を設置する方法

空き家整備事業は、市長・郡守等または空き家所有者が直接施行したり、韓国土地住宅公社、地方公社といった公的デベロッパー、建設業者など民間デベロッパーも施行することができる。

⑹空き家の撤去

市長・郡守等は、崩壊・火災等の事故または犯罪発生の恐れが大きい場合や公益上有害な場合または都市美観や住居環境に対し著しく障害となる場合には、空き家整備計画により、その所有者に対し、撤去等の必要な措置を命じることができる。この場合、所有者は、特別な理由がない限り60日以内に措置を履行しなければならず、履行しないときは市長・郡守等が職権で撤去することができる。

また、市長・郡守等は、撤去すべき空き家の所有者の所在が不明な場合、その空き家に対する撤去命令およびこれを履行しない際には職権で撤去する旨の内容を日刊新聞およびホームページに1回以上公告し、公告した日から60日が経過する日までに所有者が空き家を撤去しない場合には、職権で撤去することができる。

(7) 小規模住宅整備事業

●事業の定義

「小規模住宅整備事業」とは、老朽・不良建築物の密集地域で施行する以下の事業を言う。

①自律住宅整備事業：戸建て住宅および多世帯住宅を改良または建設するための事業であり、市長・郡守等から事業施行計画の認可を受けた施行者が自ら住宅を改良または建設する。

②街路住宅整備事業：従前の街路を維持しつつ、小規模な住居環境を改善するための事業であり、市長・郡守等の認可を受けた事業施行計画に従い住宅等を建設、保全または改良する。

③小規模再建築事業[*10]：整備基盤施設が良好な地域において小規模な共同住宅を建て替えるための事業であり、市長・郡守等の認可を受けた事業施行計画に従い住宅、附帯施設、福利施設およびオフィステルを建設・供給する。

●事業の施行者

自律住宅整備事業は、2人以上の土地等所有者が直接施行したり、市長・郡守等、土地住宅公社等、建設業者、登録事業者、信託業者、不動産投資会社と共同で施行する。一方、街路住宅整備事業と小規模再建築事業は、所有者が20人未満の場合には直接施行または共同施行、20人以上の場合は組合施行または共同施行による。[*11]

街路住宅整備事業で所有者が組合を設立する場合には、所有者の10分の8以上および土地面積の3分の2以上の所有者の同意を得て、市長・郡守等の認可を受けなければならない。対して、小規模再建築事業で所有者が組合を設立する場合には、住宅団地の共同住宅の各棟別の区分所有者の過半数の同意と団地全体の区分所有者の4分の3以上および土地面積の4分の3以上の所有者の同意を得て、市長・郡守等の認可を受けなければならない。

●売り渡し請求

街路住宅整備事業と小規模再建築事業の施行者は、組合設立や事業施行者の指定に同意しない者に対して、同意するか否かを回答するよう書面により求めなければならない。所有者は、その要求を受けた日から60日以内に回答しなければならず、この期間内に回答しない所有者は同意しない旨を回答したものとみなされる。

また、事業施行者は、同意しない所有者に対し、建築物、土地の所有権その他の権利を売り渡すよう請求することができる。

●費用負担

小規模住宅整備事業の費用は、事業施行者が負担する。一方、市長・郡守等は、道路、共用駐車場、広場、公園、緑地、公共空地、上下水道、共同溝などのインフラや臨時居住施設の建設費用の一部を負担する。

⑻事業活性化のための支援策

●補助・融資

地方自治体は、行政庁以外の事業施行者が施行する空き家整備事業や小規模住宅整備事業に要する費用の一部を補助、出資、融資したり、融資を斡旋することができる。

●共同利用施設使用料等の減免

地方自治体の長は、事業施行区域内の共同利用施設を使用させたり貸し付ける場合、使用料・貸付料を減免することができる。

●改築・用途変更の特例

空き家整備事業の施行者は、法令の制定・改正により敷地または建築物が法令に適合しなくなった場合には、地方建築委員会の審議を経て改築または用途変更をすることができる。

●建築規制の緩和

小規模住宅整備事業により建設する建築物については、建築法による建ぺい率、空地、高さ制限、住宅法による附帯施設・福利施設の設置基準などの緩和を受けることができる。

●賃貸住宅建設における容積率の特例

空き家整備事業・小規模住宅整備事業の施行により賃貸住宅を建設する場合には、関係自治体の条例で定める容積率にかかわらず、法定容積率の上限まで建築することができる。

●整備支援機構

国土交通部（日本の国土交通省）長官は、空き家整備事業と小規模住宅整備事業の活性化のために、事業に関する相談と教育の支援、事業施行計画や管理処分計画の策定に対する支援などを行う機関を、韓国土地住宅公社、国土研究院その他の公共機関の機関の中から整備支援機構として指定することができる。

●賃貸管理業務等の支援

国土交通部長官や地方自治体の長は、空き家整備事業・小規模住宅整備事業の事業施行者が自己の所有する住宅を改良した後、家賃やその引上げ率等に関する条件を備えた賃貸住宅として供給する場合には、次の業務を支援することができる。

①賃貸事業をしようとする者の募集および選定
②賃貸住宅の建設および買収
③賃借人の募集・入居および明け渡し・退去
④家賃の賦課・徴収等の業務

3 空き家整備事業の推進状況

以上に述べた各事業のポイントを整理・比較したものが、表8である。

表8に掲げる事業のうち、都市および住居環境整備法に基づき２０１２年に導入された街路住宅整備事業は、道路と接する小規模住宅街を街区単位で整備する都市再生事業の一種である。当初は「ミニ再建築」と呼ばれ、大規模再開発・再建築事業の代案として注目されたが、事業規模が小さく、事業費調達が困難で、分譲が売れ残るリスクも大きいため、一時は市場で無視されていた。しかし、自治体が事業費、移転費用、鑑定評価費用に対する補助などの支援策を打ち出し、事業の法的根拠が小規模住宅整備法に移管されて手続きが簡素化されたことから、事業条件が改善され、市場でも注目されるようになった。

街路住宅整備事業は、四面が道路で囲まれた街路区域面積が1万平方メートル未満の地域のうち老朽建築物の数が全体の3分の2以上、世帯数が20世帯を超える地域を対象とする。

この事業の最大の強みは、実施スピードが速い点にある。一般の再開発・建替え事業は、安全診断、整備区域の指定、推進委員会の設立、組合設立の認可、建築審議、管理処分の認可という多くの段階を経なければならず、6年以上という期間を要するのに対し、この事業では整備区域の指定と推進委員会の設立手続きを省略することができ、組合設立から建物着工までに要する期間が2年程度で済む。また、同意を得なければならない住民の数も20〜30人程度と多くなく、事業推進が相対的に容易である。さらに、前述したように建築規制が緩和されるとともに、住民の共同利用施設

表8　空き家に関する各事業の比較

<table>
<tr><th rowspan="2"></th><th rowspan="2">空き家整備事業</th><th colspan="3">小規模住宅整備事業</th></tr>
<tr><th>自律住宅整備事業</th><th>街路住宅整備事業</th><th>小規模再建築事業</th></tr>
<tr><td>目的</td><td>・改良
・撤去
・効率的な管理・活用</td><td>・戸建て住宅・多世帯住宅の自主改良・建設</td><td>・街路区域での小規模な住居環境改善</td><td>・インフラが良好な地域での小規模な共同住宅の建替え</td></tr>
<tr><td>主体</td><td>・市長・郡守等
・空き家所有者
（パートナー）
・韓国土地住宅公社・地方公社
・建設業者
・住宅事業者
・不動産投資会社
・社会的企業・協同組合・NPO</td><td>・2人以上の土地等所有者
（パートナー）
・市長・郡守等
・韓国土地住宅公社・地方公社
・建設業者
・住宅事業者
・信託業者
・不動産投資会社</td><td colspan="2">［土地等所有者が20人未満の場合］
・土地等所有者
（パートナー）
同左
［土地等所有者が20人以上の場合］
・組合
（パートナー）
同左</td></tr>
<tr><td>計画</td><td>・空き家整備計画
・事業施行計画（リフォーム・撤去以外）</td><td>・空き家整備計画
・事業施行計画</td><td colspan="2">・空き家整備計画
・事業施行計画
・管理処分計画</td></tr>
<tr><td rowspan="2">参加</td><td rowspan="2">—</td><td>・住民合議体（土地等所有者が2人以上の場合）</td><td colspan="2">・住民合議体（土地等所有者が20人未満の場合）
・住民代表会議（市長・郡守等や公社が事業施行者の場合）</td></tr>
<tr><td colspan="3">・土地等所有者全体会議（指定開発者が事業施行者の場合）</td></tr>
<tr><td>手法</td><td>・リフォーム
・改築・増築・大修繕・用途変更
・撤去
・建替え・インフラ設置</td><td>・事業施行者が自ら住宅を改良・建設</td><td>・住宅・関連施設を建設して供給・保全・改良</td><td>・住宅・関連施設を建設して供給</td></tr>
</table>

の容積率インセンティブも付与される。

このようなメリットがあるため、全国的に街路住宅整備事業を推進する組合が増えている。そのうち、最も事業が活発に進行しているのは、ソウルの江南《カンナム》区、瑞草《ソチョ》区、松坡《ソンパ》区、江東《カンドン》区で、2017年時点で10カ所で事業が推進されている。

全国で最初に完成した事業は、2016年11月に着工して同年末に竣工した江東区千戸洞《チョノドン》のトンド・ハイツであり、同事業により41戸だったマンションが96戸（地下1階・地上7階）のマンションに建替えられた。また、瑞草洞《ソチョドン》の楽園マンション、南洋マンション、方背洞《バンペドン》の大進マンションも2015年から2016年にかけて組合が設立され、江南区駅三洞《サムドン》の木花マンション、清潭洞《チョンダムドン》の漢陽マンション、良才洞《ヤンジェドン》の韓進マンション、方背洞の韓国・常緑マンション、瑞草洞《ソチョドン》の現代マンション、ソウォンマンション、ドンソンマンション、三進マンションでも組合設立のために住民同意を得る手続きが進められている。

ソウル以外では、釜山で2016年11月に蓮堤《ヨンジェ》区巨堤洞《コジェドン》で街路住宅組合が設立され、仁川市南《ナム》区の代表的な旧都心である崇義洞《スンウィドン》石井《ソクチョン》地区でも事業が推進されている。

国の取り組みとしては、2017年に国土交通部がソウル市中浪《チュンナン》区面牧洞《ミョンモクドン》、仁川市南区石井地区、富川《プチョン》市中洞《チュンドン》地区、水原《スウォン》市波紋《パムン》第1・第2地区の5カ所をモデル地区に指定し、韓国土地住宅公社が参加する街路住宅整備事業が実施されることになった。*12

３ ソウル、釜山、仁川、大邱市の空き家対策

１ 空き家条例の制定

日本と同様、韓国でも空き家法制は国法に先がけて地方自治体の条例により整備されたが、２０１７年11月時点でその総計は64を数える。

これらの条例を根拠として、地方自治体は空き家を整備・活用して賃貸住宅を供給したり、住民の共同利用施設を設置する事業を推進し、補助や融資の支援を通じて空き家の活用に社会的企業が参加するよう誘導している。

ただし、空き家の定義や条例の適用範囲が地方自治体によってまちまちであり、なかには農村地域の空き家のみを対象としたものもある。こうした状況が、国法である空き家および小規模住宅の整備に関する特例法が制定された背景の一つとされている。

２ ソウル特別市の空き家対策

ソウル特別市の空き家対策は、まずは区レベルで始まった。２０１１年に蘆原《ノウォン》区、２０１３年に冠岳《クァナク》区が空き家条例を制定し、防犯カメラの設置、仮設塀の設置といった防犯・環境改善の観点からの措置が規定されたが、空き家の利活用に関する規定は盛り込まれていなかった。

その後、２０１５年にソウル市が制定したソウル特別市空き家活用および管理に関する条例で、６カ月以上居住・使用されていない住宅・建築物が空き家と定義され、区に対し空き家の活用および管理に関する計画の策定を義務づけるとともに、所有者、事業者、行政（区）間の協定が締結された空き家を、ソウル市が高齢者、障害者、片親世帯、大学生、青年労働者など住宅の確保を必要とする人向け賃貸住宅として活用する規定が設けられた。この住宅では、家賃は市場水準の80％、上昇率は5％以下とし、入居資格については都市労働者の平均所得の50％以下の者を最優先、70％以下の者をその次に優先すると定めた。

そして、この空き家再生を事業化するために創設されたのが「空き家活用プロジェクト」という制度である。本制度では、空き家を賃貸住宅として活用するために必要なリモデリング費用の50％（最大４千万ウォン（約４００万円））を市が補助し、残りの50％については年利２％という低利で融資を受けることができ、家賃の低廉化を支援している。しかしながら、入居者選定や家賃水準に対する規制に比して公的支援が不足しているため事業性が低く、民間事業者の参加は不振である。[*13]

３　釜山広域市の空き家対策

釜山広域市では、放置された空き家をリモデリングして低所得者に市場の半額の家賃で貸し出す事業を２０１２年に開始した。この事業を支援するため、２０１３年には釜山広域市空き家整備支援条例を施行、２０１５年には空き家情報システムを開設し、廃屋の撤去、賃貸住宅事業、菜園の造成など多様な事業を進めている。

賃貸住宅事業については、２０１２年から16年の間に市は総額68億ウォン（約６・８億円）を支援し、５６０名に対する供給が実現している。これにより、住宅所有者にとっては賃貸収入の確保、入居者にとっては負担の低廉化というメリットが得られ、空き家の発生を予防することで居住環境を改善する効果がもたらされた。

4 仁川広域市の空き家対策

仁川広域市南区では、工業団地の工場や大学が郊外に移転したことに伴い空き家が増加し、２０１５年に仁川広域市南区空き家管理条例が施行された。２０１７年の仁川広域市南区社会調査によると、空き家の活用方法の内訳としては、撤去後駐車場として活用（45％）、社会福祉施設（25％）、住民利便施設（16％）、まちづくりに活用（９％）、企業への賃貸（４％）が挙げられているが、賃貸住宅としての活用事例は見られない。

もう一つの事例は東《トン》区のスラム地区で実施された事業であり、２０１２年に法定再開発である住居環境改善事業地区に指定された。指定当時３３８戸のうち7割に当たる２２９戸が無許可建築であり、平均床面積は18平方メートルに過ぎず、居住環境が極めて劣悪であった。入居者の大部分は高齢者で、死亡後は空き家としてそのまま放置される可能性が高かった。そこで、市と東区は地区全体面積の15％に対して全面撤去して賃貸住宅を建設し、残りの85％は地域の環境を漸進的に改良することにした。

具体的には、前者では、67戸の空き家を撤去した敷地に70戸の永久賃貸住宅（日本の公営住宅に相当）と28戸の長期国民賃貸住宅（一定期間後に分譲）の2棟の住宅を建設し、加えて緑地空間、生活相談所、住民の生業のための作業場、倉庫、駐車場などの共同施設と経済支援施設を整備することで地域経済とコミュニティを同時に再生することが追求されている。また、後者では、ボランティア団体の協力を得ながら雨漏りする屋根や窓の修理などの改修・補修を実施し、住宅が再利用されている。

5 大邱広域市の空き家対策

大邱《テグ》広域市では、予算を投入して空き家を撤去し、公共的な用途に活用する事業が推進されている。対象地域は市全体の空き家の2割が集中する旧都心の中区《チュン》で、再開発事業が遅延していたことで空き家の発生速度が加速していた。特に空き家が都市の美観と環境の悪化を促進しており、青少年の非行の温床と化していたため、市は２０１３年から空き家の撤去に着手し、跡地を駐車場、菜園、小公園として再生する廃空き家整備事業を進めた。

この事業に協力する土地所有者は、敷地を3年間公共用途に提供する代わりに、建物撤去費で援助を受けることができ、土地保有税が免除されるというインセンティブが受けられる。２０１３年から15年までの間に17億ウォン（約1・7億円）の市費を投入した成果として、総計17棟の空き家が撤去され、延べ面積1万6000平方メートルの敷地に駐車場66カ所、菜園34カ所、小公園6カ所、運動施設3カ所、花壇11カ所が開設されており、空き家を解消するとともに、地域に不足していた公共空間の確保も実現されている。

4 学ぶべき空き家整備のスピード感

韓国で空き家問題が都市の問題として認識されるようになったのは、空き家率の増加が顕著になりはじめたごく近年である。その対策に関しても、日本をはじめとする海外の事例を参照しながら講じられつつある状況である。

したがって、韓国の対策を評価したり、日本への示唆を探ることは時期尚早であるが、本稿で紹介したように、小規模住宅整備法では事業手法が充実しており、その実績が積み上がっていけば、日本の空家等対策特別措置法に不足している取り組みを参考にできる時期が来るだろう。

注

＊1　日本の首都圏における2016年度新築分譲住宅の平均床面積は、戸建てが99・3平方メートル、マンションが69・1平方メートルである。

＊2　2010年冬、釜山市内で女子小学生が誘拐・殺害された事件で、犯人は被害者の自宅から55メートルしか離れていない空き家に潜伏していた。再開発予定区域内の空き家の一つで起こった事件は、国民に空き家問題を実感させた（「空き家に問題が住んでいる」CRITIQUES、2017年2月20日付）。

＊3　ファイナンシャル・ニュース、２０１７年12月22日付

＊4　天井から月の光が差し込むようなバラック住宅を意味する。これらの住宅の多くが朝鮮戦争後に避難民が入居したものであり、土地の正当な権原がなく、無許可で建築されたものが多い。

＊5　韓国の基礎自治体は①特別市・広域市以外の市、②郡、③特別市・広域市内の自治区であり、首長は市長、郡守、区庁長である。

＊6　２０１８年5月10日の時点では、この制度により空き家が撤去されたとの公式発表や報道が確認されていないので、効果はまだ現われていないものと見られる。

＊7　同法は、日本の都市再開発法、住宅地区改良法、密集市街地における防災街区の整備の促進に関する法律、マンションの建替えの円滑化等に関する法律を統合した内容を規定している。

＊8　韓国の基礎自治体の首長は市長、郡守、区庁長であるが、法令では「市長・郡守等」と表記するのが通例なので、以下の記述はこれに従う。

＊9　韓国の広域自治体は、ソウル特別市、世宗《セジョン》特別自治市、釜山など六つの広域市、九つの道であり、首長は市長・知事である。

＊10　日本で言う「建替え」を韓国では「再建築」と表記する。

＊11　登録事業者とは、住宅法に基づき1年間に20戸以上の住宅または1万平方メートル以上の宅地を分譲する者として登録した事業者を言う。

＊12　韓国日報、２０１７年3月22日付

＊13　ナ・ジュニョン、イ・ドンフン（２０１６）「大都市圏の空き家対応現況に関する研究」

参考文献

・イ・ジュンヒョン、シン・チュンジン（２０１４）「住居地再生のための地域資産としての空き家の活用可能性」韓国都市設計学会春季学術大会発表論文

・イ・チャンウ、チ・ナムソク（２０１３）「農村地域活性化のための空き家活性化方策研究―帰農・帰村者の住居安定の観点から―」韓国農村計画学会『農村計画』第19巻第3号

・韓国統計庁「人口住宅総調査」各年版

・キム・ドヒョン、イ・ドンフン（２０１７）「ソウル市空き家現況に関する考察　―２０１５年人口住宅総調査を中心として」『大韓建築学会春季学術発表大会論文集』第37巻第1号

・京畿道開発研究院（２０１２）「京畿道独居老人のための農村空き家活用方策」

・クォン・ヒョクサム、キム・ホンジュ、ユン・チョンジュン、パク・チンギョン、キム・ハンソプ、パク・ヒョングン（２０１８）「空き家の現況と活用方策：低層住居地再生戦略」韓国土地住宅公社『都市情報』

・チョー・チュンヒョン、キム・ウォンテ（２０１３）「空き家等有休空間の管理及び活用政策の事例検討」仁川広域市『Incheon Urban Newsis』２０１３年9月号

・チョン・ヨンミ、キム・セフン（２０１６）「旧市街地空き家発生の原因及び特性に関する研究―仁川南区崇義洞地域を中心として」『韓国都市設計学会誌』第17巻第1号

・統計庁（２０１７）『住宅総調査』統計情報報告書」

・ナ・ジュニョン、イ・ドンフン（２０１５）「水原市の空き家現況と活用方策に関する研究」『韓国生態環境建築学会春季学術発表大会論文集』第15巻第1号

・ナ・ジュニョン、イ・ドンフン（２０１６）「大都市圏の空き家対応現況に関する研究」『韓国生態環境建築学会春季学術発表大会論文集』第16巻第1号

・ノ・ミンジ、ユ・ソンジョン「空き家現況及び空間パターン変化の研究」建国大学校『不動産研究』第27集第4号

・パク・インスク（２０１７）「空き家現況と整備のための政策課題」国会立法調査処『資料で見るイシュー』２０１７年7月号

・パク・スギョン、ムン・ジョンミン、チェ・ソンギョン（２０１６）「住居地再生のための空き家活用体系と特性の考察」『韓国住居学会秋季学術大会論文集』第28巻第2号

・パク・ヒョンチュン、ソン・ジュンスク、キム・スングン（２０１５）「農村空き家の効率的整備と活用に関する研究」『韓国農村建築学会論文集』第17巻第4号

・ハン・スンウク（２０１６）「釜山市の空き家問題解決のための実質的な推進体系構築が必要」釜山発展研究院『釜山発展フォーラム』

・ヤン・ソヨン、ムン・ジョンミン（２０１７）「地域コミュニティ活性化のための空き家の場所的特性研究」『韓国住居学会春季学術大会論文集』第29巻第1号

・周藤利一（２０１２）『ソウルのマンション団地再生におけるコミュニティ形成に関する研究』アーバンハウジング

[編著者]

米山秀隆（よねやま・ひでたか）
住宅・土地アナリスト（元・富士通総研主席研究員）。1963年生まれ。筑波大学第三学群社会工学類卒業。同大学大学院経営・政策科学研究科修了。野村総合研究所、富士総合研究所、富士通総研等の研究員を歴任。2016～2017年および2020年～総務省統計局「住宅・土地統計調査に関する研究会」メンバー。専門は住宅・土地政策、日本経済。主な著書に『捨てられる土地と家』（ウェッジ）、『縮小まちづくり』（時事通信社）、『限界マンション』『空き家急増の真実』（以上、日本経済新聞出版社）など。

[著者]

小林正典（こばやし・まさのり）
一般財団法人不動産適正取引推進機構研究理事兼調査研究部長。1970年生まれ。ハーバード大学大学院修士課程（都市計画・都市政策専攻）修了。国土交通省土地・建設産業局不動産市場整備課不動産投資市場整備室長等を経て現職。主な共著書に『不動産政策研究（総論・各論Ⅰ～Ⅳ）』『既存住宅市場の活性化』（以上、東洋経済新報社）など。

室田昌子（むろた・まさこ）
東京都市大学環境情報学部教授。1957年生まれ。東京工業大学社会理工学研究科博士課程修了。博士（工学）。武蔵工業大学（現・東京都市大学）講師、准教授を経て現職。専門は都市計画、居住環境、コミュニティ再生。主な著書に『ドイツの地域再生戦略―コミュニティマネージメント』（学芸出版社）などがある。2001年日本不動産学会賞研究奨励賞、2003年都市住宅学会論文賞、2017年日本不動産学会論説賞等受賞。

小柳春一郎（こやなぎ・しゅんいちろう）
獨協大学法学部教授。1954年生まれ。東京大学法学部卒業、東京大学大学院法学政治学研究科単位取得退学。東京大学博士（法学）。山梨大学教育学部講師、同助教授を経て現職。主な著書に『震災と借地借家―都市災害における賃借人の地位』（成文堂、日本不動産学会著作賞受賞）、『日本の土地法―歴史と現状』（共著、成文堂）、『原子力損害賠償制度の成立と展開』（日本評論社）など。

倉橋透（くらはし・とおる）
獨協大学経済学部教授。1959年生まれ。東京大学経済学部卒業。ケンブリッジ大学大学院土地経済研究科修士課程修了。東京大学博士（工学）。1981年建設省入省。建設省住宅局、新潟大学法学部助教授（出向）、千葉大学法経学部助教授（出向）等を経て2005年より現職。さいたま市空家等対策協議会長等を兼務。専門は公共政策。論文に「イギリスにおける空き家対策」（都市住宅学会『都市住宅学』第80号）等がある。

周藤利一（すとう・としかず）
明海大学不動産学部教授。1956年生まれ。東京大学法学部卒業。北海道大学博士（工学）。1979年建設省入省。在大韓民国日本国大使館二等書記官、住宅局住宅政策課住宅政策調整官、土地・水資源局土地情報課長、不動産適正取引推進機構研究理事、日本大学経済学部教授、国土交通政策研究所所長などを経て現職。2006年日本都市計画学会論文奨励賞、2015年日本不動産学会著作賞受賞。

世界の空き家対策
公民連携による不動産活用とエリア再生

2018年　9月　5日　初版第1刷発行
2020年　7月20日　初版第4刷発行

編著者　米山秀隆
著者　小林正典・室田昌子・小柳春一郎
倉橋透・周藤利一

発行所　株式会社 学芸出版社
京都市下京区木津屋橋通西洞院東入
電話 075-343-0811　〒600-8216
発行者　前田裕資
編集　宮本裕美・森國洋行
装丁　赤井佑輔（paragram）
印刷・製本　モリモト印刷

ISBN 978-4-7615-2686-3